MAR ˇ ¨ 2013

ESTOY
CASADA PERO
ME SIENTO SOLA

ALEJANDRA STAMATEAS

ESTOY CASADA PERO ME SIENTO SOLA

Cómo reencontrarse y recuperar la pareja

Obra editada en colaboración con Grupo Editorial Planeta S.A.I.C. – Argentina

Diseño de portada: Alejandra Ruiz Esparza Fernández
Fotografía de portada: Latinstock México

© 2010, Alejandra Noemí Copantsidis

Derechos exclusivos de edición en castellano
reservados para todos los países de haba hispana:
© 2010, Grupo Editorial Planeta S.A.I.C. – Buenos Aires, Argentina

© 2012, Editorial Planeta Mexicana, S.A. de C.V.
Bajo el sello editorial DIANA M.R.
Avenida Presidente Masarik núm. 111, 2o. piso
Colonia Chapultepec Morales
C.P. 11570 México, D.F.
www.editorialplaneta.com.mx

Primera edición impresa en Argentina: julio de 2010
ISBN: 978-950-49-2260-5

Primera edición impresa en México: julio de 2012
ISBN: 978-607-07-1242-5

Impreso en los talleres de Litográfica Ingramex, S.A. de C.V.
Centeno núm. 162, colonia Granjas Esmeralda, México, D.F.
Impreso en México – *Printed in Mexico*

Dedico este libro a las mujeres que se están dando cuenta de que tienen que ser buenas con ellas mismas antes que serlo con los demás.

A esas mujeres que se están atreviendo a darse a sí mismas lo que por tanto tiempo se negaron.

A todas esas Mujeres Fuertes y Valientes que todos los días se dan permiso para disfrutar de la vida, solas o acompañadas.

Alejandra Stamateas

¿DÓNDE ESTOY PARADA? | 1

1. Me siento sola y desamparada

Seguramente, en muchas y distintas ocasiones dijiste *«me siento sola, la verdad es que estoy sola para todo, no quiero estar más sola»*, *«¿para qué me casé?»*

Quizá la vida que soñaste tener no es la que hoy estás viviendo. Tal vez hoy estés rodeada de personas que no suman a tu vida, y eso hace que te sientas sola. Quizá te toca vivir situaciones que te llenan de frustración, de culpas, de angustia y de soledad. Situaciones que terminan afectando tu vida, llevándote a decidir y a elegir equivocadamente.

Todos los seres humanos, en algún momento de nuestras vidas, por distintas circunstancias, pudimos habernos sentido solos. Sin embargo, eso no es malo. Todo lo contrario. Es bueno y es sano poder encontrarse con uno mismo. Lo que sí necesitamos diferenciar es si es por momentos que nos sentimos solos o si estamos viviendo continuamente esa permanente sensación.

Habrá momentos o etapas en nuestra vida en los que es normal sentirse solo, como puede serlo frente a la muerte de un ser querido, al romper con una pareja. Pero cabe señalar que ese período debe ser sólo por un tiempo, es necesario sanar ese sentimiento de soledad para volver a relacionarnos con los otros y con todo lo que nos rodea, ya que somos seres sociales.

No podemos resignarnos a vivir en una soledad interminable que nos cause dolor, sea cual fuere la situación que nos haya tocado atravesar.

No obstante frente a situaciones traumáticas solemos desear estar solas, ¿por qué? Porque de hacerlo, de elegir ese estado, sentimos que nos estamos protegiendo de no sufrir.

Por ejemplo:

- fuiste traicionada en tu relación de pareja, y no quieres volver a sentirte sola nunca más, y en lugar de arriesgar prefieres permanecer sola evocando el refrán que dice: «Mejor sola que mal acompañada»;

- enviudaste y no puedes superarlo, y sientes que el duelo no va a terminar nunca;

- siempre fuiste abandonada, por tus padres primero, por tu pareja, por tus amigos, y elegiste aislarte, antes que sufrir una pérdida más.

Hay mujeres que hacen de la necesidad de estar con un hombre su única meta y, al no concretar ese deseo, que les parece inalcanzable, sienten que su soledad aumenta aún más. Mujeres que viven obsesionadas con su meta «mayor»: conseguir un hombre. Y recorren cielo y tierra para encontrarlo. *Y el no encontrarlo las hace sentir que viven en una crónica y permanente soledad.*

2. ¿Qué tipos de soledad estás experimentando?

Existen diferentes tipos de soledad:

¿Estás viviendo sola por elección o por no ser capaz de revertir una situación dolorosa?

¿Estás viviendo sola porque no te permites ser ayudada, y de esa manera alejas a todo quien quiera tenderte una mano?

¿Estás viviendo sola por una circunstancia de la vida que no está bajo tu control?

¿Vives con otros pero igual te sientes sola?

Mujeres que viven sintiéndose solas, sea cual fuere su estado civil.
Mujeres que por no haberse permitido estar a solas con ellas mismas han cedido a las diferentes presiones culturales y hoy están en compañía pero solas.

Mujeres que apenas aparece un hombre se lo llevan a convivir a la casa y le dan de todo para que no se vaya, porque necesitan paliar su soledad. Por ejemplo, pueden darle el dinero que tenían ahorrado para ese viaje tan anhelado, quedándose sin el viaje y sin el dinero.

Hay mujeres que necesitan un hombre obsesivamente debido a una presión cultural que obedecen sin cuestionar. Sin darse cuenta son presionadas por la sociedad para formar una pareja. Es más, «mejor que la consiga antes de determinada edad porque, si no, dirán que es una loca, una histérica, o que nadie la aguanta». Entonces, al estar sola te sientes condenada por estas reglas socioculturales, las que te dicen que tienes que formar pareja a cualquier precio. ¿Y quién quiere eso para su vida?

En medio de esta búsqueda y de esta urgencia, te asustas y te lastimas, aceptas como pareja al primer hombre que se te acerca, o quizás a aquel hombre que es tan diferente, aquel hombre que no podrá compartir ni tus sueños ni tu proyecto de vida. Como lo único que quieres es tener un hombre al lado, no te das cuenta de su verdadera esencia y de la clase de vida que vas a tener con él.

Pero como desde chicas a las mujeres se nos ha enseñado a ser obedientes y a no cuestionar, obedecemos estos patrones culturales para sentirnos mujeres. Pareciera que una mujer sólo está completa si tiene un hombre al lado. Sin embargo, no hay nada más falso que esta creencia. Somos por nosotras mismas, ciento por ciento mujeres.
Por el contrario, las mujeres para las que tener pareja es una meta más, entre otras, tienen en claro que darán lo mejor de ellas para formar una pareja sana y feliz, tenien-

do en cuenta no sólo lo que esperan dar sino también lo que esperan recibir en esta nueva etapa de la vida. Mujeres que con una pareja **«no están cubriendo una necesidad sino realizando un proyecto»**.

El otro, tu pareja, no tiene que cubrir tus necesidades, sino crear junto a ti un proyecto de vida. Si aceptas que el otro cubra tus necesidades emocionales y económicas, seguramente con el tiempo te vas a frustrar, porque te vas a encontrar durante todo el día encerrada en la casa, abandonando tu profesión, tu trabajo y tus sueños.

> *¿Por qué? Porque creías que era el otro el que te completaba, el que te daba vida, pero ahora estás casada y vuelves a sentir, aun en mayor grado, esa soledad que en un momento sentiste.*

El objetivo de este libro no es hacernos sentir culpables ni remontarnos al pasado, sino sanar todas esas emociones que nos llevaron a establecer relaciones interpersonales que nos detuvieron y nos hicieron olvidar todos los sueños y metas que una vez nos habíamos propuesto alcanzar.

Recuperar nuestro propósito y nuestros sueños significa elegirnos a nosotras mismas. Es no hablar mal de nosotras mismas, ni rechazarnos, ni castigarnos, sino aceptarnos como **mujeres completas, íntegras y capaces. Mujeres al ciento por ciento solas o acompañadas.**

3. ¿Cómo se puede detectar la soledad?

Cuando una persona comienza a sentirse incomprendida y no puede expresar libremente sus sentimientos, comienza a esconderse y a encerrarse en sí misma. Y así es cómo comienza a caminar en un laberinto que no tiene salida. La soledad hará que pensamientos de baja estima comiencen a susurrarte al oído, de tal manera que preferirías no establecer relación alguna. ¿Cómo expresar todos los miedos que te invaden, cómo dar a conocer el dolor de aquello que te llevó a estar hoy así?, ¿por dónde empezar…?

Y así es como cada vez más te encierras en ti misma, no hablas, y construyes una pared que nadie puede atravesar.

Sin embargo, para poder destruir esa pared y permitir que otros puedan traspasarla, necesitas sanar esta emoción.

Tal vez te estarás preguntando: ¿Y por dónde empiezo?

Sería muy bueno que comencemos por conocernos a nosotras mismas para que una vez que lo hayamos logrado, podamos volver a relacionarnos sanamente con los otros.

4. ¿Qué elementos activan la soledad?

Los conflictos personales tales como la baja estima, la impotencia, el egoísmo, iras reprimidas y conflictos de roles pueden activar la soledad.

¿Cuántas mujeres sintieron alguna vez que se olvidaron de vivir? Sientes que has ayudado a todo el mundo y todos realizaron sus sueños, pero miras tus manos y las ves vacías de logros, de objetivos alcanzados, de satisfacciones personales. En este momento sientes: «*Yo me olvidé de vivir*».

❖ ¿Cuántas veces dijiste «Necesito que me pase algo nuevo en la vida»?

❖ ¿Cuántas veces sentiste que necesitabas un cambio urgente en tu vida?

> «Ya estoy aburrida de esta rutina, necesito que algo venga, algo nuevo, algo distinto, algo que me mueva, que me cambie.»

No puedes creer que dejaste pasar años escuchando las peticiones de los demás pero no pudiste escuchar tu voz interna, aquella voz que en un momento te llenaba de pasión y de vida.

Por años las mujeres han callado, no nos permitíamos decir directamente lo que queríamos o esperábamos, y menos aún contradecir al «hombre de la casa». Cuando eras chica ni te imaginabas cuestionar lo que tu papá te decía, y a tu marido… ¡¡¡menos!!!! A ver si se enoja y se va de casa… Por años nos hemos callado y nos sumergimos en un silencio que se devoró todos nuestros sueños y que decidió por nosotras.

No nos animamos a decir: «A mí me gustaría tener esto, o hacer tal cosa, o lograr tal meta». No lo pudimos decir, no se lo contamos a nadie. Tenemos esas ganas contenidas, las tenemos en nuestra mente como un hermoso sueño o una gran fantasía, pero no las podemos expresar.

Mujeres que dicen:

> «A mí me gustaría decirle a mi marido que quiero que salgamos a divertirnos, o que por una semana nos vayamos a un lugar los dos solos, para disfrutar, pero no se lo puedo expresar, no se lo puedo decir; es como que estoy frente a él y me da miedo decírselo, o no me salen las palabras.»

> «A veces estoy esperando que alguien me llame y me invite a cenar, porque quiero salir a pasear y salir de toda la rutina, pero no me animo a llamar a alguien y decirle que quiero ir a cenar.»

Mujeres que esperan:

- una fiesta sorpresa para sus cumpleaños;
- un chocolate;

- un ramo de jazmines;

- que el otro recuerde el aniversario de bodas;

- que el otro un día diga: «Dejá, amor, hoy cocino yo, no hagas nada».

Y pasa el tiempo y nada de lo quieres sucede y te desilusionas y te resignas y te dices a ti misma: «Está bien, pobre, tiene mucho trabajo, por eso no se acuerda», o «pobre, no se dio cuenta». Y así vas acumulando sueños y deseos inconclusos. Sin embargo, hay una solución que puedes poner en marcha hoy: **para recibir, primero tenemos que pedir**.

> ## El que pide, recibe.
> ## Mujer, si quieres recibir, ¡tienes que hablar, tienes que pedir!

Hay mujeres que quieren decir algo, que tienen un deseo en el corazón, que anhelan algo y que no lo pueden decir directamente. Usan frases indirectas como las siguientes:

«¿Sabes? A mi compañera de oficina el marido le preparó una fiesta espectacular para su cumpleaños.»

«¡Qué calor, cuánto hace que no tomo un helado!»

En vez de decir:

«¿Me ayudas a preparar mi fiesta de cumpleaños? Quiero hacer una superfiesta.»

«Tengo ganas de tomar un helado, ¿quieres venir conmigo a tomar uno?»

Hay mujeres que creen que tienen que tener una actitud pasiva frente a la vida, y adoptan como lema: **Ya llegará, ya me tocará a mí**. Y la consigna de los que la rodean es: **Esperá sentada, mi amor**.

Esperas que algún día llegue, que algún día adviertan que estás ahí, que tienes vida, sueños, ilusiones, metas. Se te sigue pasando el tiempo y sigues con la misma fantasía dentro de tu cabeza, y no puedes decir qué es lo quieres; estás esperando que alguna vez llegue el día en que «él se dé cuenta», el día en que «él venga y me lo diga», porque «tiene que salir de él».

¿Por qué tiene que salir de él? Si tienes ganas de algo, pídelo. **Nunca vamos a recibir nada si no nos atrevemos a pedir, porque sólo el que pide recibe**.

> # El invierno ha pasado, la lluvia se ha ido, amiga mía, ¡es tiempo de levantarte!

La gente creerá que si no pides es porque estás satisfecha, será porque en tu mundo está todo bien y porque no tienes ninguna necesidad. Tu marido creerá que, como no le pides, estás súper con él, que está todo bien, que el matrimonio funciona bárbaro. Y así es como la rutina continúa día a día. Él dice: «*¡Ella está bárbara!*», «*¡a ella le encanta estar todo el día en casa con los chicos!*», «*¡qué más puede pedir!*»

Como nunca le pides nada, tu marido piensa que te sientes como una reina. Si no lo dices, nunca sabrá qué más necesitas.

¡Sal de la pasividad! ¡Comienza a pedir! Reclama lo que te pertenece. Los sueños los cumplen los valientes, los que se animan, los que desafían a los gigantes y a los imposibles, los que saben pedir.
No vivas más pensando: «*ya vendrá*», «*ya vendrán tiempos mejores*», «*ya se darán cuenta*», «*ya me ocurrirá*», «*ya me tocará a mí*». No esperes que el príncipe azul te rescate y te dé lo que te mereces; prodúcelo tú misma. Eres tu propia rescatadora. Inicia ese sueño que vienes postergando, sólo depende de que te pongas en marcha y decidas no postergar más tu felicidad.

No esperes que lo que tanto sueñas te llegue del cielo. No es tiempo de hadas; es tiempo de acción. Camina hacia tus sueños. Muévete, camina, acciona.

Tal vez hoy sientas que no tienes derecho a hablar, ni a decir, ni a expresarte así. Quizás en tu casa te sientas como una ciudadana de segunda categoría. A pesar de la opinión de los demás, lucha y desafía este sistema de reglas obsoletas. Pelea, saca a la luz todo tu potencial y desafíate a ti misma. Fíjate hasta dónde eres capaz de llegar, y hazlo con sabiduría.

> ***No desafíes a los demás, desafíate a ti misma; cuando tus hijos y tu marido vean que te estás desafiando, comenzarán a respetarte.***

- ¿No terminaste la secundaria?

- ¿Cuántas materias te quedan para terminar la universidad?

- ¿Hiciste ese viaje que tanto habías planeado?

- ¿Te compraste ese abrigo tan admirado, compra que año a año vienes postergando?

> **¿Por qué seguir postergando lo que te corresponde?**

Éste es el tiempo de un nuevo comienzo. No calles, no te detengas. Cuando comiences a desafiarte a ti misma la sangre comenzará a correr por tu cuerpo, y el potencial que hasta hoy estaba escondido será manifestado al mundo. Desafíate, y no habrá muros ni límites que te frenen. Y recuerda: ***El que pide, recibe; las puertas se abren ante aquellos que las golpean.*** §

Capítulo 2

EN BUSCA DE MÍ MISMA

1. Ser o no ser, ésa es la cuestión

Todos nacemos con la sensación de pertenencia. La psicología descubrió que el contacto físico desde los primeros instantes de la vida es sumamente importante para un niño. Por eso, en el momento del nacimiento, se recomienda que sus padres sean los primeros en acariciarlo.

Con el transcurso del tiempo y a medida que el ser humano se va desarrollando, experimenta distintas sensaciones de abandono o soledad que tienen que ver con las diferentes etapas de la vida. Veamos algunas de ellas.

a. El niño y la soledad

El niño siente el abandono de sus padres cuando ellos deben, por ejemplo, salir a trabajar u ocuparse de otras actividades. En esos momentos se siente dejado de lado y no tenido en cuenta. Y es en medio de esta soledad cuando los miedos o las dudas comienzan a surgir dentro de él; por ejemplo, si son queridos, si fueron hijos esperados o deseados, si son adoptados… todas ellas emociones que de no ser resueltas a tiempo afectarán directamente su personalidad y la forma en que se relacionarán en el futuro.

b. Adolescentes y jóvenes solos

Los adolescentes también, en muchos momentos, se sienten solos. Pareciera ser que esta emoción no distingue edad ni raza. A esta edad, los jóvenes se sienten discriminados por factores tales como el cuerpo, la condición social, el color de piel y la profesión de sus padres. Sienten que no encajan en ningún lado y que nadie los comprende, y ese estado los lleva a aislarse y a no permitir acercarse a quienes desean verdaderamente ayudarlos. Y así su soledad se acrecienta.

c. Y tú, ¿cuándo vas a formar pareja?

La sociedad nos presiona a formar pareja y, si esto no ocurre a determinada edad, comienzan los comentarios:

- «¿Cómo? ¿Todavía no te casaste?»

- «¿Qué esperas para buscarte un novio?»

- «Esta mujer debe de tener un carácter tremendo y por eso nadie la quiere.»

- «Por algo será que está sola.»

- «Es un amargada, ¿quién va querer estar con ella?»

- «Se quedó para vestir santos.»

Y aunque seas una mujer madura en tus emociones, muchas veces las presiones van generando, a nivel inconsciente, una sensación de frustración, de desconsuelo y de inquietud que te hará ver el paso del tiempo como algo inexorable y adverso.

La sociedad condena la soledad y de alguna manera nos obliga a formar pareja.

Pero ¿te preguntaste cuál es el beneficio de ceder ante tantas presiones?

El miedo básico de las mujeres a sentirnos abandonadas hace que nos aferremos a las personas, a su afecto, y que nos convirtamos en seres codependientes del otro. No queremos ser desaprobadas y que nos digan «te equivocaste», y por eso nos obligamos a ser perfectas, a hacer todo bien y a callarnos aquello que tendríamos que hablar.

Todos los días te levantas y haces lo urgente, pero no haces lo importante. Llevas a cuestas tu soledad en todas las tareas que haces durante el día, te amargas, te deprimes y haces de todo para evitar sentirte sola. Te programas ciento y una actividades, pero te olvidas de lo más importante: tú.

¿Cuáles son tus sueños?, ¿cuáles son tus metas?, ¿cuál es el beneficio que obtienes por soportar la presión? Seguramente el beneficio que obtienes por estar atenta y soportar tantas presiones es el de sentirte, de alguna manera, una mujer valorada. Pero finalmente sólo logras sentirte ajena a tu propia vida y, si ya te casaste, convertirte en una esclava doméstica.

Hay mujeres que han crecido sin valoración alguna, sin que alguien les haya dicho lo importante que eran, lo buenas que eran en algo. Y cuando no eres valorada, lo que te está faltando en la vida es bendición.

Tal vez esperabas palabras de aliento de tus padres y sólo encontraste grandes silencios. **Valorización significa honor**. Y una mujer que crece sin afecto y en soledad será una mujer buscadora.

¿Qué es una buscadora? Es una mujer que vive buscando afecto en cada rincón del planeta; una mujer que no puede tener una relación de pareja o de amistad que permanezca en el tiempo, porque permanentemente dudará del amor que recibe. Pero en un determinado momento esa búsqueda la frustra, siente que no le importa a nadie y se deprime y se retrae del mundo. Se mantiene a distancia de todos, tratando de protegerse para que nadie la lastime, pagando así un alto precio: **la soledad. El precio es la soledad**.
Muchas mujeres, con tal de no sentirse solas ni por un instante, se dejan seducir fácilmente. Buscan que alguien las

acaricie, que un hombre las haga felices, que un hombre les dé lo que necesitan, sin advertir que lo que necesitan para ser felices está dentro de ellas mismas.

Es esta carencia de caricias la que nos lleva a hacer malas elecciones. Nos apresuramos, y pensamos que el otro nos va a dar todo aquello que necesitamos. Tal vez hoy te enamores del profesor de gimnasia, mañana de tu compañero de oficina, luego de tu mejor amigo. Vives enamorándote, buscando que alguien te acaricie y sacie esa soledad inmanejable que sientes.

Puedes pasarte toda la vida estableciendo relaciones para no sentirte sola, pero hasta que no sanes tu necesidad de caricias, aun estando casada, puedes seguir sintiéndote sola. Nada de lo que recibas del otro será suficiente, nada te va a alcanzar. El problema no es el otro; eres tú la que debe sanar su estima y tener un proyecto de vida propio que te llene de pasión, de energía y de esperanza.

Mientras busques en los otros lo que sólo puedes encontrar dentro de ti, irás a lugares que no te convienen y elegirás mal.

Las mujeres solemos pasar por tres etapas:

1. La primera etapa: «Me quiero casar, y no sé con quién». En esta etapa las mujeres se angustian profundamente si no están en pareja.

2. La segunda etapa: «Estoy casada y me quiero divorciar». En esta etapa decimos: «No es lo que yo pensaba».

3. La tercera etapa: «Ahora estoy buscando otro hombre y no lo encuentro».

¿Sabes cuál es realmente el problema? Hasta que no puedas sanar esa necesidad de caricias que tienes, no podrás encontrar a alguien a quien amar y quien verdaderamente pueda amarte, porque solamente estarás buscando caricias.

Muchas mujeres dicen: «¿Qué no daría yo por tener un hombre al lado, por sentirme acompañada?» Y en esa necesidad de amor desesperada elegimos mal. Las mujeres solemos levantar imágenes, ídolos, pensando que los otros van a satisfacer todas nuestras necesidades. No comprendemos que ese ídolo exterior que levantamos puede terminar destruyéndonos. Decimos:

- «Yo voy a una institución y esa institución me va a librar de todas mis angustias.»

- «Yo voy a conseguir a este hombre y con este hombre me voy a parar para toda la vida.»

¿Cuál es el precio que estás pagando por no estar sola o por no tomarte el tiempo necesario para encontrar a ese hombre que va a compartir contigo tu proyecto de vida?

Necesitamos ver el precio de esa elección porque, aunque logremos casarnos —si esto no es lo que verdaderamente queríamos—, al tiempo nos volveremos a sentir solas. La continua inseguridad interior nos ha llevado a buscar en el exterior, en «el otro», esa confianza y esa seguridad que deberíamos buscar y encontrar dentro de nosotras mismas.

Si pretendes que ese hombre te dé todo lo que necesitas para ser feliz, vas a depender tanto de ese hombre que el día que él no esté más se habrá terminado tu vida. Pero éste no es tu destino. Querida mujer: Tú naciste para dar a luz sueños grandes, proyectos exitosos; naciste para crear, para dar vida. Nadie puede borronear tu imagen; no dejes que nadie te limite y te diga que ya es tarde para soñar.

Hoy las organizaciones de Derechos Humanos están hablando de la imagen borrada del ser humano. El término *imagen borrada* se refiere al hecho de que hoy el hombre no tiene dignidad ni autoestima; su imagen está borroneada. Por lo tanto, busca su seguridad afuera, sin saber que toda imagen que se levanta en el otro para sentirse seguro, tendrá el poder de destruirlo: ésta es la autoridad y el permiso que uno mismo les concede.

2. Fantasías femeninas

Este estilo de mujer piensa: «*¿Qué pasaría si él se muriera?*» Ésta es una fantasía que se va desarrollando con lentitud a lo largo del tiempo. Casi todas las fantasías de muerte son de naturaleza pasiva y duran pocos segundos. Esta fantasía es infantil, como cuando éramos niños y pensábamos que todos nuestros problemas se acabarían con la muerte de nuestros padres. No deseábamos causar un daño real, sólo expresábamos así la frustración e impotencia que sentíamos. Esta mujer no desea causar daño a nadie, sólo se siente enredada en una confusión emocional que encuentra un alivio momentáneo en una fantasía de venganza.

Pareciera ser que esa supuesta seguridad —«casa, hijos, esposo»—, ese estilo de vida, es la respuesta a la soledad. Frecuentemente suponemos que tener éxito como madres y esposas incrementa nuestro amor propio. Sin embargo, a pesar de haber alcanzado estos objetivos, nos seguimos sintiendo inadecuadas, y la culpa que esto conlleva hace que nos acusemos a nosotras mismas y también a nuestras parejas. Por este motivo, podemos llegar a desear escapar de la situación en la que nos encontramos a través de la idea de la muerte del otro.

Algunas mujeres se preguntan todo el tiempo: «*¿Qué me está pasando?*» Buscan desesperadamente una respuesta a esta pregunta. Sucede que la soledad en la que viven a diario las llena de dolor. Estas mujeres jamás se imaginaron pensar lo que piensan, y esos pensamientos las llenan de culpa y de pesar.

En una ocasión, una mujer me comentaba que estaba esperando enviudar para poder comer todo lo que quería, porque tenía miedo de que si ahora que estaba casada comía y engordaba, su marido la cambiara por otra. Esta mujer estaba tan insegura de su matrimonio, que esta inseguridad la llevaba a restringirse en aquello que podía comer y disfrutar, no por cuidarse y estar sana, sino por miedo a quedarse sola y a ser cambiada por otra. Éstas son inseguridades internas que nos llenan de miedo y frustración y nos hacen vivir en un continuo estrés.

Ahora bien:

:•: ¿Cómo saber si estás pasando por un período normal, en el que te sientes sola, o simplemente eres tímida o introvertida?

∴ ¿Cómo saber si realmente una se siente sola viviendo aun con otros?

Sean cuales fueren las respuestas que tú misma te hayas dado, siempre hay nuevas oportunidades y metas que puedes ponerte por delante. El desafío es encontrar un plan para nuestra vida.

3. Y ahora, ¿qué hago con mi vida?

¿Cuántas veces dijiste «*No sé qué hacer con mi vida, no sé qué pasa con mi vida, no sé qué camino tomar?*» Muchas veces te habrás hecho estas preguntas sin saber que el cambio que estás necesitando sólo depende de ti, de que saques afuera toda esa fuerza que tienes y te animes a hacer lo que nunca antes pensaste hacer.

No podemos abrir las puertas de una casa nueva con las llaves de la casa que estamos dejando. Lo mismo pasa con tu vida. Para poder sumergirnos en una nueva forma de vivir y de entender la vida necesitamos usar llaves nuevas: nuevas maneras de hacer las cosas y de pensar, dejando de lado viejas creencias y sacándonos de encima esa mochila llena de culpas y de miedos que no nos dejan buscar la felicidad.

> **Hay cosas que tendrás que hacer aunque no quieras.**

Tal vez nadie te discrimina, pero tú sí.

Mujer: estás diseñada para expandirte siempre. ¡Tienes el potencial!, no te pongas límites. Cada vez que sientas angustia y tristeza será porque te estás posicionando en el mismo lugar de siempre. A medida que comiences a moverte, que des lugar en tu mente a nuevos pensamientos, que seas capaz de crear proyectos, ideas, metas y sueños, estarás eligiendo qué hacer con tu vida.

Si te divorciaste de tu marido, no tienes por qué pedirle dinero. Tienes la capacidad de mantenerte sola. Aunque por ley te corresponda, es necesario que seas una mujer de ley, independiente en todas las áreas de tu vida y, si hay algo que no está funcionando, tienes que hacer que funcione: estudia, perfecciónate, crece, sé sabia, decide en paz, y luego acciona. §

Capítulo 3

MUJERES CON HAMBRE
DE AMOR

1. Deshojando la margarita: me quiere, no me quiere...

Muchas de nosotras hemos vivido experiencias que nos retrotraen a aquel juego que jugamos de chicas. ¿Te acuerdas? Tomábamos una flor y decíamos «me quiere, no me quiere, me quiere, no me quiere». Si el azar indicaba «me quiere» éramos felices y nos ilusionábamos con ese chico que nos gustaba, pero si nos salía «no me quiere», nuestro ánimo decaía y nos poníamos tristes, aun sabiendo que sólo se trataba de un juego.

Hoy, a pesar de que los años han pasado, solemos ponernos contentas si nos sentimos amadas, valoradas, tenidas en cuenta, y deprimidas y angustiadas si advertimos que al otro no le interesamos de la manera en la que nosotras necesitamos. Así es que comenzamos a sentir hambre de amor, de caricias, de cuidado, y es allí precisamente cuando la temible soledad comienza a acaparar nuestros pensamientos y nuestras emociones.

Mujeres que llegan a una determinada etapa de sus vidas, tal vez entre los treinta y pico y los cuarenta, comienzan a ver que no se han dedicado tiempo para ellas mismas, que aquello que les gustaba hacer y las hacía sentir felices quedó en el olvido, y es allí mismo cuando se replantean qué han hecho con sus vidas. Pero al hacerlo, muchas mujeres culpan al otro, a su marido, a sus hijos, de las frustraciones que hoy sienten, de la soledad en la que se sienten inmersas; «todos han hecho sus vidas excepto ella».

Sucede que a estas mujeres les hicieron sentir que el hombre es la cabeza del hogar y que si él no está, nada va a salir igual. Si él está se puede decidir; si no, hay que esperarlo a él: «al hombre».

Esta continua dependencia crea mujeres amargadas, quejosas y solitarias. Sin embargo estas mujeres, aun dentro de su aislamiento, fantasean con una relación sentimental extramatrimonial. Son mujeres que necesitan a alguien que les endulce el oído, que las quiera y las haga sentir vivas, y en pos de esto se exponen a cualquier clase de hombre que se les presente.

Sin advertirlo, esta soledad que cada vez ronda más en su mente ocupará más lugar en su vida, hasta el punto tal de querer acaparar todo su cuerpo. Mujeres que comienzan a sentir depresión, bajones, cada día con un nuevo dolor o una nueva queja, y el hecho es que por cierto sus defensas se han debilitado tremendamente, y así es como surgen afecciones que antes no habían experimentado. Mujeres agotadas de luchar con esta soledad a la que por el momento no le encuentran una posible salida.

A mayor soledad, mayor riesgo de adicción. A mayor soledad, mayor riesgo de enfermedad.
Querida mujer, si te programas para el sufrimiento, atraerás dolor, frustración y enfermedades.

---

2. Fobia a la soledad

Cientos de mujeres a diario toleran lo intolerable, lo insoportable con tal de no estar solas, de tener un hombre al lado. Ahora bien, si ese hombre no comparte tus sueños, tus metas, tus pasiones, cuando esa persona que tienes al lado no conoce tu propósito, ¿aun estando en pareja, no te sentirías sola?

Mujeres que a diario estando acompañadas viven sintiéndose solas, van llenando su vida, en lugar de anhelos, con deseos por alcanzar, con frustración y con dolor. Sus mentes sólo estarán ocupadas en cosas malas, en angustia, en dolor, en soledad, aislándose así cada vez más de todo lo que las hacía sentir bien. Años y años de dolor le roban a la mujer la energía, la voluntad y las ganas de comenzar nuevos proyectos. Su pensamiento será: ¿para qué lo voy a hacer si a nadie le importa lo que yo hago?

Mientras unas mujeres se replegarán en sí mismas, encerrándose, otras culparán de su soledad a su pareja, pensando que así el otro le prestará más atención. Sin embargo, este proceder no es el correcto.

> **Nada cambiará hasta que tu conducta hacia ti misma no cambie.**

Sin embargo, una mujer que siente que su vida no es lo que ella esperaba, que el hombre con el que se casó no es como ella pensaba que era (no porque él la haya engañado sino porque muchas mujeres vemos lo que queremos ver), necesita saber que no podrá solucionar su problema (la soledad) si las expectativas de su vida dependen sólo del «otro». Dejar de culpar a los otros por nuestra soledad es el primer paso para preguntarnos qué queremos hacer con nuestra vida.

> Mientras culpemos a nuestra pareja por todo lo que nos pasa, no podremos resolver nuestros problemas. El otro no es el causante de la soledad que una siente.

Toda mujer debe saber que vivir con un compañero invisible puede resultar mucho más doloroso que estar sola. El silencio de quien está pero no está es tanto o más provocador y doloroso que llegar a nuestra casa y que no haya nadie.

Sólo cuando estemos dispuestas a darle un giro a nuestras vidas y a dejar salir la verdadera mujer que somos, el silencio nos permitirá descubrir nuestro potencial y nuestra creatividad. Una mujer que tolera el silencio es una mujer que jamás tiene tiempo de estar sola, es una mujer con una agenda llena de sueños, objetivos y metas.

3. Ser mujer o ser mujer de...

Muchas de las mujeres que hoy sufren esa soledad han sido educadas para el servilismo, pensando que el deseo, el placer y el disfrute son sólo para el marido. A nosotras lo que nos queda es la cocina, los chicos, el colegio, hacer maravillas con el dinero, y conformarnos con lo que los demás quieran darnos. Pero no importa el precio que hay que pagar; en esta sociedad, para no ser rotulada de loca o solterona, hay que casarse o casarse. Para nuestra cultura es importante ser la mujer «de», es imprescindible pertenecer a él, como si ser «de» nos elevara a un nuevo valor de mujer, como si ser «de» fuera un título de nobleza o de prestigio. Los «de» mal entendidos lo único que crearon a través de los tiempos es mujeres dependientes «de» lo que el hombre quiere y elige para su vida.

Y a pesar de que estamos en el siglo XXI y la mujer hoy ocupa cargos impensados décadas atrás, aún vivimos en una sociedad machista. Si lo dice una, será necesario estudiar la cuestión; si lo dicen ellos, es palabra santa.

Por eso hoy las mujeres nos encontramos en medio de un conflicto de roles y de decisiones. Tal vez desde temprana edad te dijeron que tenías que postergarte, que una esposa y madre no puede dejar su casa y sus hijos con el papá aunque sea por trabajo.

Mujeres que permanentemente se adaptan a la rutina y al cronograma diario del resto de la familia, excepto a su propia agenda. El hecho es que estas mujeres que temen a la soledad no se han animado a elaborar una propia agenda de vida.

Mujeres que sólo están a la expectativa de la demanda de los otros:

- «¡Ah! Yo llego a las cinco de la tarde, prepárame la comida.»

- «¡Ah! Yo llego a la seis, me la tienes que tener preparada para la seis.»

- «Ponme el despertador a las ocho de la mañana.»

- «No, pónmelo a las cinco de la mañana.»

Sin embargo, hoy tu necesidad es crecer y conquistar tu propio espacio, tomar nuevas decisiones y tener una vida propia.

Esta ausencia de deseos, de proyectos y de futuro se transforma, con el tiempo, en un caos emocional, hasta que de repente te dices a ti misma: «¡Estoy harta!» Harta de todos y de todo. Sabes que así como estás no puedes seguir viviendo, y esto es bueno, porque este hartazgo será el punto de partida para tu cambio. Este hartazgo no sólo te hará sentir un caos emocional, sino que también modificará tu carácter y tus ganas de comenzar cada mañana, para cambiar lo que te hace daño. Por ejemplo:

1. Intranquilidad persistente

Las mujeres que se sienten así se encuentran presionadas por todo. Hay una inquietud y una presión constantes, hasta que dicen: «¡Basta! No me pidas nada más, no lo voy a hacer porque estoy harta».

2. Dificultad para poder descansar

Ya no puedes dormir bien en la noche, te desvelas por nada, sufres de insomnio y no puedes dejar de pensar.

3. Olvidos reiterados

Comienzas a olvidarte de las cosas, a cometer más errores que nunca y constantemente.

4. Se enoja y se pone de mal humor

¿No te pasó que te das cuenta de que reaccionas mal por todo, que cualquier cosa que te dicen o te piden hoy te molesta, y contestas mal? Los que están a tu lado dicen: «¿Qué te pasa? ¡No es para tanto!» Y, seguramente, ese pedido no es para tanto, pero sucede que ya estás harta de todo y de todos.

5. Dolores físicos continuos

La señal más importante es que esa debilidad aparece en la parte de tu cuerpo que siempre se lastima o erosiona. Hay una parte de nuestro cuerpo que es más sensible, y la primera reacción la vamos a sentir allí: dolor de espalda, de cabeza, de piernas, de estómago, constipación, divertículos… la lista es eterna.

Pero como te conté antes, estos síntomas te servirán para

alertarte de que te urge implementar un cambio en tu vida. Es tiempo de silenciar las voces internas aprendidas y las externas y proyectar una vida más efectiva y placentera. A esta altura de nuestras vidas, la queja no surgirá ningún efecto. Si les dices a los demás cómo te sientes, te podrán decir:

- «¿Estás harta, mi amor? No te preocupes, mañana te saco a pasear, comida incluida.» (Como si un paseo te sacara el hartazgo que sientes.)

- «Unas pequeñas vacaciones, un viaje relámpago, vas a ver cómo se te pasa todo.»

- «Te doy unos pesitos, sé que yendo a hacer unas compras se te va a pasar todo el hartazgo que tienes. Yo te conozco.»

¿Cuántas veces te dijeron esto? ¿O cuántas veces te lo dijiste a ti misma?

¿Cuántas veces intentaste que tu vida cambiara y dijiste «Voy a hacer un cursito, me voy anotar en el gimnasio a ver si esto que siento se me pasa»?

Pero sólo hiciste cambios superficiales que tal vez mejoraron el humor de ese día, **pero no la esencia de tu vida.** Para erradicar tu soledad, para sanar tus emociones, hoy necesitas cambiar lo que hasta hoy no te dio resultado.

Dibuja tu propio modelo de mujer. ¿Qué estilo de madre quieres ser? ¿Qué estilo de esposa te gustaría ser? ¿A ti cómo te gustaría ser?

Hoy diseña tu propia estrategia. Para poder concretarla, necesitarás tres ingredientes. Toma nota:

1. Prepararte, capacitarte: Estás capacitada para suplir todas tus necesidades, dentro de ti está todo lo que necesitas para sostenerte y poner en marcha ese sueño que hasta hoy vienes postergando por falta de recursos. Hay algo en lo que sólo tú eres excelente, nadie lo hace como tú, usa y explota ese don: te hará rica y poderosa.

2. Horas propias: Vive sin culpa el tiempo que estás a solas tomando un café o un té, o lo que más quieras; el tiempo también te pertenece.

3. Deseos propios, pasiones propias: No nacimos para cumplir los deseos y los intereses de los demás. Nosotras también podemos tener nuestros propios deseos y son tan valederos e importantes como los de los demás. No tienes que estar «por debajo de», sino «a la altura de».

Con estos cambios verdaderos y estratégicos, las mujeres estaremos capacitadas para vencer esa soledad que muchas veces nos acosa. Hoy podemos diseñar el modelo de nuestra vida. Y no más con parches, sino con un molde nuevo.

- Rompe con ese mito, con ese esquema que nos enseñó que las mujeres debemos ser incondicionales; no somos instrumentos creados para satisfacer los fines de los otros, sino para cumplir nuestro propio fin.

- No feminices lo que pueden muy bien hacer personas de ambos sexos: cambiar los pañales, planchar una camisa e ir al supermercado, tareas que *deben* hacer los dos integrantes de la pareja.

⋮ No son los otros los que te tienen que dar permiso. Hay mujeres que viven diciendo: «Yo soy feliz, mi marido es un buen hombre porque me deja hacer todo lo que yo quiero». ¿Y quién dijo que él te tiene que dejar hacer? No necesitas permiso para ser la mujer que anhelas ser.

Si sigues jugando el juego de los demás, no vas a poder ver todos aquellos premios que llevan tu nombre; si sigues siendo la pelota de todo el mundo, te vas a perder el sueño grande que está sólo esperándote a ti. §

Hoy puedes elegir lo que es tuyo, lo que te pertenece. ¿Qué clase de vida quieres vivir?

Hoy puedes romper con viejos argumentos y alcanzar cada uno de los sueños y de las metas que te propongas.

Hoy puedes romper con ese esquema de vida que no te hizo feliz.

Hoy puedes decidir romper con esa soledad y ser feliz.

Hoy puedes ser tú misma, ser una mujer ciento por ciento, responsable de su vida.

Hoy puedes decidir no jugar el juego de nadie y diseñar tu propio juego.

NECESITO SENTIRME AMADA | 4

1. Y si no me aceptan, ¿qué hago?

La mayoría de las mujeres, en algún momento, dijimos algo que el otro quería escuchar o hicimos cosas para agradarle a alguien, por ejemplo a una pareja, a un hijo o a un familiar. Y esto no está mal. Procurar agradar es querer que la otra persona nos apruebe y piense bien de nosotros, porque nuestro objetivo es quedar bien con los otros y sentir que somos «aceptadas» y «valoradas».

Confundimos admiración y aceptación con amor: que alguien te admire no quiere decir que te ame. Hay hombres que no saben expresar el amor porque no han aprendido ese lenguaje. Cuando confundimos amor con admiración, nos subimos a una loca carrera de logros: «Si logro esto me va a admirar y a aceptar». Y el problema aparece cuando agradar se convierte en nuestra motivación, y vivimos y actuamos sólo para agradar a los demás. La confianza nos convierte en mujeres fuertes y seguras; la insatisfacción constante nos hará dependientes de aprobación y de aceptación.

> ¿Te pasó de hacer cosas para ser aceptada y para que te tengan en cuenta?

En realidad, lo que buscamos es satisfacer las expectativas de los demás porque eso mismo queremos que hagan con nosotras. Deseamos ser aprobadas por el otro, sea quien fuere. Y esperando ese bendito visto bueno, *sufrimos y nos sentimos solas*. Y pasamos nuestros días esperando escuchar: «¡qué bien que lo hiciste!», «¡qué linda que estás!», «¡eres muy buena!» Esperas la felicitación, y te desespera saber si lo que hiciste o dijiste les gustó o no a los otros. Tal vez no te dijeron lo que querías escuchar y, aunque para ti el resultado sea bueno, si ese otro no te aprueba te angustias.

El tema no es llenarnos de culpas, sino comprender por qué nos sucede esto. El motivo es que las mujeres no nos damos crédito. Nos damos crédito y nos sentimos valoradas, aceptadas, amadas, sólo cuando es el otro quien nos aprueba. Anhelamos escuchar:

- «Estuvo muy lindo lo que dijiste.»
- «Muy bueno lo que hiciste.»

Entonces sí sientes que lo hiciste bien.

A las mujeres, muchas veces, se nos olvida ser amigas de nosotras mismas. Hoy necesitas comenzar a darte crédito por cada logro que alcances. Disfruta de todo aquel proyecto nuevo que comiences, de cada gramo de peso que bajaste, de una contestación que pudiste dar cuando antes no te animabas. Pon lo mejor de ti y luego felicítate. *¡Engrandécete, mujer, estás hecha para eso!*

Tal vez estés diciendo: *«¿Yo engrandecerme? No, no sé. No puedo, eso es para mi marido, o para mis hijos. Yo espero que el día de mañana tengan lo que soñé para ellos». O: «Yo no entiendo cómo hacen algunas mujeres para trabajar y cuidar a los hijos. Mi marido estuvo de acuerdo con que yo no trabajara, y tiene razón, si no los chicos salen cualquier cosa».*

> **¡¡No!! Tú tienes derecho a engrandecerte y a disfrutar de todo lo que alcances: lo mereces.**

Tu estima no puede depender de lo que los demás digan de ti. Muchas mujeres se sienten solas en su vida de pareja porque no han aprendido a respetarse, a valorarse, a amarse, a darse el lugar que les corresponde. Depender de los demás te convierte en una mujer fácil de manipular. Si te aprueban estás contenta; si te rebajan, te sientes nada.

Y desde ese lugar, los otros comenzarán a decirte cómo hacer las cosas (obviamente, esperando que hagas lo que a ellos más les conviene). Y cuando una mujer no siente que es merecedora de amor, se desvivirá por complacer sin advertir que tal vez lo que hoy «los otros» aprueban, mañana quizá lo desaprueben. Y pensar todo el tiempo en los otros, el buscar su aprobación continuamente, termina frustrándote.

Mujer: ¡No dependas de la opinión de los demás! No idealices a la gente, ni siquiera a aquellos que creas que nunca te defraudarían. No te conocen totalmente ni tú a ellos. Son personas, como tú, con los mismos aciertos y errores. No te pongas por debajo, no te corresponde ese lugar.

No actúes y vivas buscando cubrir las expectativas de los otros para sentirte mejor. La búsqueda de aprobación hace que funcionemos en círculos almáticos. Cuando ponemos en juego el alma, actuamos con las emociones. El alma es la mente, la voluntad y las emociones. Es decir, si nos relacionamos almáticamente con los demás, dejamos de conectarnos espiritualmente y los vínculos que el alma hace son *pegoteados*.

¿Cuántas veces te desesperaste porque él no te llamaba? ¿Cuántas veces sentiste que no aguantabas estar lejos de él? También te puede pasar con una amiga o con compañeros de trabajo. Te aferraste buscando agradar, pero como el otro no te respondió como querías (no te aprobó), te pusiste mal.

Quiero decirte que si estás esperando que el otro haga algo por ti, te estás envolviendo en una relación almática. Los vínculos almáticos intensos *siempre terminan mal*, porque ésta es una relación en la cual no hay libertad. Hay uno que controla y otro que es controlado y, en medio de ese pegoteo, terminarán ambos asfixiándose.

Las mujeres necesitamos ampliar nuestro círculo de relaciones. ¡Extiende tu círculo, tus contactos; siempre favorece que haya algo nuevo! *Muestra la mujer que eres, con virtudes y errores, desafiando la sabiduría convencional de tus generaciones anteriores. Rompe con los patrones que otros te enseñaron; sé creativa.*

¡Tienes fuerza, potencial y capacidad para ensancharte, para extenderte!

---

2. Si él lo dice...

Las mujeres, permanentemente, buscamos el reconocimiento de un varón. Si lo dice un varón está bien, pero si lo dice una mujer no le hacemos caso. Todas en algún momento hemos buscado ese reconocimiento. Culturalmente, se nos ha enseñado a hacerlo. Sin embargo, esto no es bueno ni saludable para nadie.

Mujeres que viven tratando de agradar a los hombres, madres desesperadas por querer agradar a sus hijos varones (generalmente la mujer fantasea que en caso de separarse o quedar viuda, el hijo varón la sostendrá, dándole fuerzas o dinero). Por años, nuestro propio reconocimiento dependió de lo que ellos nos decían, pero hoy es tiempo de ponerle punto final a esta creencia errónea y lastimosa.

¿Pensaste alguna vez que quizás a un hombre no le guste tener a su lado a una mujer que no se valora a sí misma?

Ningún hombre quiere llevar la carga de decirle a su mujer cómo son las cosas para que, sobre la base de eso, ella se mueva. Por eso, no busques su aprobación: no la necesitas. **El otro no espera que seas perfecta.**

Autorreconócete, aprende a reconocerte y a felicitarte. La primera felicitación que recibas por un éxito o un logro que hayas alcanzado debe ser la tuya. No te fijes a ver quién te dice algo. Felícitate tú primero. Pareciera que estamos buscando la crítica de los otros, que sean los otros quienes encuentren una falla o un error en lo que hicimos y, cuando lo hacen, nos sentimos mal, solas y desvalorizadas. Sin embargo, piensa: ¿No fuiste tú quien buscó la opinión de los demás y les diste lugar a esa crítica que hoy te deprime? *¿Pero acaso no es lo que querías? Nos quejamos de lo que nosotras mismas provocamos.*

Si eres la primera en criticarte, abres la puerta para que otros lo hagan. Por el contrario, tienes que ser la primera en felicitarte, en motivarte, si no, nadie lo hará. Si te felicitas y te dices a ti misma «¡qué bien que me salió esto!», ya te aprobaste a ti misma. **Lo importante es que, en primer lugar, reconozcas que hiciste las cosas bien. La primera felicitación tiene que salir de tu boca.**

Cuando sientas confianza en ti misma, podrás hacer todo lo que te dicte el corazón sin necesidad de que el otro te apruebe. El que te descalifica y te desaprueba no sabe ni de dónde vienes ni adónde vas, pero si tú lo sabes y lo tienes en claro, no te afectará lo que digan. **Comienza a mirarte a ti misma, cuentas con tu persona, no estás sola, estás ciento por ciento acompañada. Tenemos que enamorarnos de nosotras mismas, volver a descubrirnos. ¡Enamórate de ti misma, mujer!**

Según diferentes investigaciones, en la actualidad estamos atravesando la «era del desamor». En esta era es muy difícil expresar las emociones, no hay intimidad ni se respeta la vida íntima. Ya no nos emocionamos, todo queda expuesto. Este desamor también alcanzó a las mujeres, que no nos amamos a nosotras mismas ni comprendemos muchas de nuestras maneras de actuar. Cuando nos descuidamos, estamos diciendo: «No me puedo cuidar de mí misma», «no me tengo paciencia», «no me soporto, por eso me abandono». Y el abandono que nos permitimos crear repercute en cada área de nuestras vidas.

Nos abandonamos físicamente
Una mujer que se abandona físicamente comienza de a poco: deja de arreglarse las uñas, descuida su cabello y su ropa, no se maquilla. Va perdiendo los detalles que forman su identidad. ¿Te pasó de descuidar algo, pensando que era sin importancia y luego, por desinterés o desgano, le sumaste más descuidos? Por un momento detente y obsérvate: *¿cómo te encuentras el día de hoy? ¿Cómo te ves?*

¿Sabías que percibimos al otro como una totalidad, y que ésta se encuentra formada por un conjunto de diminutos detalles? Y son justamente esos detalles a los que no les damos la importancia que tienen. Los detalles se encargan de vestirnos, de hacernos lucir de una mejor manera; son la antesala de la imagen personal que queremos introducir, ofrecer o presentar a los otros.

La mujer que se abandona dice: *«Yo antes me arreglaba pero después de que me divorcié…», «cuando nació mi hijo, nunca más», «después de esa crisis, ¿arreglarme?, gracias que salí».* Y así podemos dar cientos de excusas.

> ¿Qué pasaría si comenzaras a identificar aquellos detalles que sabes que te haría bien recuperar?

¡Atrévete, mujer!

• ¿Qué pequeñas cosas dejaste de hacer (o tal vez nunca hiciste) y tienes que comenzar a activar?

• ¿Qué fue lo que dejaste de lado en todos estos años?

Si piensas que hay algo que te lo impide, borra esa creencia de tu mente. Ni los problemas económicos ni la falta de tiempo justifican la falta de amor hacia ti misma. Recuerda aquel detalle que antes te hacía sentirte diferente y recupéralo. No le restes importancia a cómo te ves y sientes con tu cuerpo. No te abandones físicamente, todo tiene importancia. Muchas mujeres se resignan a sufrir pequeños dolores —dolores de cabeza, de huesos, de várices— y, sin darse cuenta, estos dolores que comenzaron siendo pequeños se transforman en crónicos y hasta graves. ¡No te permitas acostumbrarte a vivir con ellos!

No olvides que los detalles hablan por ti, te identifican. ¿Qué estás haciendo por ellos? Cuida el detalle para ti, no para los demás; si lo haces, ¡seguramente no pasarás inadvertida!

Nos abandonamos emocionalmente
Ya no ríes como lo hacías antes, estás enojada, sientes bronca, te quejas, tu vida se volvió aburrida y monótona, y en

esa monotonía te sientes sola. De repente, sientes que tus emociones comienzan a hacer «ruido».

Ahora bien, déjame preguntarte algo: *¿Te pusiste a mirar los detalles de tu carácter?*

Tal vez abandonaste lo que te hacía una mujer alegre, aquello que te divertía. No se te escucha decir «tengo que modificar esto que me pasa», sino que pareciera que son los demás los que tienen que cambiar.

Pero te toca a ti cambiar, superar y erradicar las emociones que aún hoy te siguen lastimando. Tienes capacidad para hacer aquello que jamás te atreviste a hacer. ¡Hazlo!

Alégrate, disfruta de la vida, entusiásmate contigo misma. Maximiza todo lo bueno que hay dentro de ti. Busca tener momentos de paz y relax, y controla tus emociones. Tienes dominio propio para hacerlo. Somos nosotras mismas las que decidimos cómo reaccionar, cómo sentirnos frente a esas situaciones en las cuales debemos mediar.

Nos abandonamos intelectualmente

Si te preguntara *cómo haces para renovar tu mente todos los días, para desarrollarte intelectualmente, ¿qué me responderías?*

¿Hace cuánto que no lees un libro, que no vas a ver una buena película o una obra de teatro? Permanentemente necesitamos formarnos, ¡hagámoslo para nuestra propia satisfacción y crecimiento personal! No te conformes con lo que aprendiste años atrás. Desafíate, establécete una meta intelectual.

Proponte desafíos nuevos, haz algo por ti y no abandones la carrera, llega y recibe el premio. Te vas a sorprender de tus propios avances, de cómo tu vocabulario podrá enriquecerse, y te sentirás apta para poder encontrarte y relacionarte con los otros sea el ámbito que fuere.

Estás más que lista: estás cargada de la mejor energía. Muévete, acciona. Felicita tus logros pasados, presentes y futuros. No dependas de lo que digan los demás, ni de tus hijos, ni de tu pareja, ni de las circunstancias. Ya estás aprobada y estás en la línea de largada. Cuando lo hagas, nunca más vas a sentirte sola, porque estarás llena de ti misma, y eso no es ni vanagloria, ni orgullo, ni pedantería; es simplemente reconocer la mujer que eres, y sentirte feliz contigo misma.

Atrévete a correr la posta de los talentos para alcanzar la carrera de tu propia vida. Nadie te apura, vive tus procesos, redescúbrete, ámate. En la llegada te espera todo lo que has brindado. §

TODOS ME CONTROLAN | 5

1. ¡Sí, querido!

La mujer que acepta el maltrato, el control, la manipulación, la descalificación y la agresión se convierte con el tiempo en una persona codependiente.

Con el correr del tiempo, él será quien te diga lo que está bien y lo que está mal y, como tú eres codependiente, lo obedecerás sin cuestionar ni pedir explicaciones.

Este hombre te aislará de todos aquellos que te quieren ayudar, de los que te hacen bien, y criticará a todos aquellos que suman algo a tu vida. El objetivo de este hombre es hacerte dependiente de él y que termines perdiendo tu identidad.

El hombre maltratador te hará creer que él es el único que sabe lo que te conviene, lo que te hace feliz, es el salvador

de tu vida, el que te llevará a la Luna. El hombre maltratador te dirá:

«No quiero que te vistas así.»

«No quiero que trabajes.»

«No te juntes con tus amigas.»

---

*«A partir de ahora, estarás en casa lavando los platos,
yo te voy a mantener.»*

---

*«¿Para qué necesitas trabajar si puedo mantener
a toda tu familia?»*

---

*«No le hagas caso a tu mamá, ella siempre está
en contra de mí.»*

No busques al que te pueda dar un poquito de amor, afecto e identidad: no eres una mujer cualquiera. Acepta tu hu-
manidad, que te puedes equivocar, que elegiste mal, que
ese hombre a quien en un momento viste perfecto, no lo es.
**¿Cuántas veces lo escuchaste decir alguna de las si-
guientes frases?:**

---

*«Mientras vivas bajo este techo, tienes que hacer
lo que yo te diga.»*

---

*«Mientras seas mi mujer y yo te mantenga,
tienes que hacer lo que yo te diga.»*

«Yo no puedo vivir sin ti.»

Éstas son frases de control, que te hacen pensar que para ser amada y no estar sola tienes que ser poseída, que debes ceder el control a ese hombre para quien eres sólo un objeto de su pertenencia.

> Querida mujer: ese hombre no está enamorado, sólo anhela controlarte.

Muchos hombres piensan que si mantienen la casa tienen derecho, no sólo a hacer uso de ella, sino también de tu vida. Y es allí cuando callas, cuando cedes, cuando le entregas el control de tu vida. Tú piensas: «*Si él me retira su apoyo y me dice que me vaya de casa, ¿qué voy a hacer?, ¿adónde voy a ir a vivir?*»

Y cuando por miedo accedes, quiero decirte que estás renunciando a tu libertad, a tu independencia. Y esa misma inseguridad que te hace sentir que sin él no eres nadie, te hace pensar: «*¿Cómo voy a arreglarme sola?*», «*¿cómo me voy a mantener?*», «*¿cómo voy a hacer con los chicos?*»

Y así es como sigues aceptando el control y el maltrato para tu vida. Empezamos a actuar como si fuéramos «nenas sumisas», buscando que ese hombre resuelva los problemas que pensamos que nos superan. Y desde ese lugar, el otro agiganta su figura de omnipotencia y su poder. Ese lugar de guardaespaldas tendrá un costo muy elevado.

> **El peligro de ser una mujer protegida es creer que los otros saben mejor que yo mi necesidad.**

Tenemos tanta confusión y tanta necesidad que decimos: *«Dejo mi vida en tus manos, decide tú, haz lo que quieras y decide la vida que tengo que empezar a vivir».*

2. Mujer, ¡cree que tú vales!

La mayor protección para tu vida no viene de afuera sino de adentro y tiene que ver con tu valor. Hasta que no creas que lo tienes, siempre vas a buscar la protección afuera.

> **No hay mayor protección que aceptar lo que te mereces, porque allí es cuando conoces cuánto vales.**

¿Sabes el valor que tiene tu vida? ¿O acaso tu valor es el sueldo que te puso tu jefe, la cuota mensual que te pasa tu marido o lo que dicen tus hijos?

¿Conoces tu patrimonio personal, en qué eres buena, qué cosas haces mejor que cualquier otra persona?

¿Cuál es tu don predominante?

Si no conoces las respuestas a estas preguntas, vas a ser una mujer controlada por otro que «supuestamente» sabe tu valor. Comienza a describir tus logros, tus éxitos; pero no los veas como casualidades, llámalos por su nombre. Lo que conseguiste no fue porque hiciste un cursito y te fue bien, o por casualidad, sino porque estuviste estudiando y lo lograste. Tus logros son tus éxitos. Aprende a marcar fronteras, te mereces que toda persona que pase por tu vida te respete.

Cada mañana al levantarte proyéctate metas para ese día. Si no tienes un proyecto, todo el mundo ocupará tus horas. Proyecta diariamente, escribe tus objetivos y colócalos en un lugar visible para que cuando alguien te diga «me podrías hacer/ayudar…», y no quieras hacerlo, le puedas decir: «no puedo, hoy tengo el día ocupado con este proyecto». No tengas miedo de decir no. Si lo dices a medias, dudando, titubeando, el controlador lo entenderá como un sí. Aprende a decir un «no» completo, no digas «ni». Si no quieres hacer algo di «NO». Y una vez que lo hagas, soporta las tensiones de esa palabra. Cuando lo dices con autoridad, toléralo aunque te duela. Sigue delante de esa persona mirándola a los ojos, y afirma tu posición. Sostén ese «no» con una sonrisa, no con temor.

Las mujeres solemos no tolerar la tensión que se origina después del «no» y por eso hablamos, nos echamos atrás y decimos *«bueno, dale, está bien»*. Las mujeres decimos «no» y explicamos «por qué no». Damos una explicación larga como justificación porque tenemos miedo a que nos rechacen y nos dejen solas.
Creíste que para ser una mujer digna tenías que tener a alguien que te protegiera, pero hoy delante ti puede nacer un tiempo nuevo, un tiempo en el que puedes desprenderte de todos esos mandatos y esas creencias mentirosas y dar a luz la inteligencia y la sabiduría que hay dentro de tu alma. No necesitas que otro tome decisiones por ti, tienes la capacidad y potencial para tomar las mejores decisiones de tu vida. *El tiempo de la oportunidad está delante ti. Aprende*

a tomar tus propias decisiones, levántate con poder y nunca más seas una mujer controlada por nadie. No te justifiques delante de nadie. El hombre manipulador siempre querrá hacerte sentir culpable para que termines haciendo lo que él quiere. Piensa que el macho protector, el rol que tú le otorgaste en un momento, no querrá perder ese lugar de juez, y no tolerará que una mujer no necesite de su protección.

Pero tú estás a tiempo de tomar cartas en el asunto y hacer todos los cambios necesarios para vivir en paz y feliz. Sabes que hasta ahora lo que venías haciendo no funcionó. Ahora bien:

¿Te atreves a plantarte, a hacer lo que por mucho tiempo no te atreviste a hacer?

¿Te atreves a salir de la pseudoprotección humana?

¿Estás lista para cambiar de posición?

No tengas temor a los cambios, ni dependas más de lo que los demás tengan ganas de decirte. Levántate como la mujer fuerte y valiente que eres, como una mujer independiente. Anula el decreto del control que le entregaste a tu pareja. Anula esa ley que dice que las mujeres tenemos que ser controladas por alguien porque, si no, no sabemos adónde vamos. Toma este regalo. Asume el riesgo de estar viva, aprende a tomar decisiones y hacerte cargo de esas decisiones.

Tu vida es un camino que no va a ser recorrido por segunda vez, por eso vale la pena vivirlo, no a la manera de los otros sino a tu manera. Ocúpate de aquello que te apasiona. La emoción que experimentamos cuando estamos entusiasmadas hace que la preocupación y el dolor queden relegados para otro momento. Haz lo que te gusta, lo que te da alegría. **Haz que la pasión se encienda disfrutando de ti misma; empieza a elegirte.**

Rescata esos momentos de soledad que tienes. A las mujeres no nos gusta la soledad, por eso es que huimos de ella. La soledad nos da tristeza, nos deprime, nos hace pensar en cosas negativas.

Pareciera que no toleramos llegar a casa y estar solas. Enseguida necesitamos encender el televisor, la radio, o llamar a alguna amiga, sin valorar que esos momentos de soledad son magníficos para ordenar la mente y el corazón. Busca la parte divertida de la soledad. Piensa: cuando estás sola puedes sentarte como quieres, comer lo que quieras, sin pensar que alguien va a estar criticando tus porciones de comida. Cuando estás sola puedes ser espontánea, infantil, hacer aquello que no harías delante de otro. Por eso, aprovechemos esos momentos para hacer lo que no haríamos delante de los demás.

Aprovecha esos tiempos a solas contigo misma y averigua quién eres. Sé tú misma. Habla de tus puntos fuertes, de lo bueno que tienes y de lo que haces bien. Pregúntate:

❖ ¿Cuáles son mis capacidades?

❖ ¿Qué es lo mejor que tengo?

Conocemos mucho de los demás pero no nos conocemos bien a nosotras mismas. Por eso es que no nos amamos. Pero si no lo hacemos nosotras, nadie lo hará.

La raíz de todo problema está adentro de nosotras, por eso al solucionarla todo se resuelve y vuelve a estar en orden. La angustia, las crisis, las circunstancias difíciles, el temor, el dolor, el sentir que no lo puedes lograr, tienen su raíz dentro de ti, aunque el dolor que hoy sientes te haga pensar que ese problema será eterno. §

Los problemas son la oportunidad para crecer y fortalecerte. No los padezcas, resuélvelos.

Capítulo 6

EL PRÍNCIPE SE CONVIRTIÓ EN SAPO

1. Errores sexuales

Sentirnos correspondidos es una necesidad humana básica y si no se satisface, puede inducir a una persona a cometer actos desesperados. Muchas mujeres tienen relaciones extramatrimoniales sólo por no sentirse solas, por tener un poco de compañía aunque sea por un rato.
Sólo allí encuentran un poco de alivio momentáneo a esa soledad que sienten, aunque lo que hagan, evidentemente, no sea lo que verdaderamente deseen o esperen.

Muchas mujeres necesitan un hombre para sentirse atractivas, jóvenes, útiles, importantes. Mujeres de mediana edad establecen parejas momentáneas con jóvenes de muy corta edad y viceversa. Chicas muy jovencitas comprometidas en relaciones con hombres mayores buscan saciar esa necesidad de estar con otro, porque es el otro el que las hace sentir vivas o «seguras».

Y esto no sólo sucede por el patrón cultural que dice que si estás en pareja eres más seductora y más inteligente que aquella mujer que decidió estar sola, sino porque muchas mujeres no han tenido la validación de una figura masculina que las apruebe, es decir, no han recibido la aprobación de un papá. Jamás una demostración afectuosa o una felicitación, por lo que tratarán de buscar y encontrar en el sexo opuesto ese reconocimiento mínimo que necesitan suplir, esa carencia que llevan escondida dentro de ellas mismas a través del tiempo.

En una conferencia para mujeres que organicé hace un tiempo atrás, pedí a un médico que hablara sobre sexualidad femenina. El médico me dijo que había pensado colocarse en el lugar de los hombres que habían maltratado a esas mujeres y pedirles perdón en nombre de ellos. La idea me pareció excelente y le pedí que le agregara al acto del perdón un abrazo para cada una de las mujeres que así lo quisieran.

Las mujeres, una por una, se fueron acercando, lo abrazaron, lloraron y comenzaron a restaurar sus emociones. Pudimos comprobar que ese contacto físico era ciento por ciento sanador. Luego de terminado el encuentro, las mujeres comentaban esa conferencia y ese momento como lo mejor de todo.

El contacto físico humano suspende la soledad sólo de manera temporaria. Muchas mujeres casadas creen amar a otro hombre, cuando en realidad lo único que están haciendo es un intento desesperado por aliviar esa tremenda soledad que sienten. Por esto se permiten cometer errores sexuales que sólo aumentan su soledad y terminan lastimándolas aún más.

2. Después de la luna de miel

Pasado el período de la luna de miel, muchas parejas comienzan a tener una vida rutinaria. Muchas mujeres, a pesar de llevar muchos años de casadas (veinte o veinticinco años), con hijos o sin ellos, nunca disfrutaron sexualmente. No saben lo que es un orgasmo, porque no saben o no se permiten ellas también disfrutarlo. Creen que su función es darle sexo a él, y si él está bien, ya está, porque con eso él se va a quedar tranquilo y no irá a buscar a otra mujer. Veamos algunos mitos que por años hemos creído las mujeres, o nos hicieron creer.[1]

FALSO. Tú y él deben disfrutar de su intimidad y de la relación sexual que tengan. Dios creó al ser humano incluyendo el sexo, y lo creó para que podamos disfrutar de él. No es verdad que «ya sabemos todo acerca del tema» porque, tal como queremos madurar en otras áreas de nuestra vida, necesitamos también hacerlo en el área sexual. Y no se trata de aprender una serie de pasos o técnicas (que se pueden aprender leyendo cualquier libro de sexualidad o consultando a un sexólogo o médico) sino de conocer un proceso que comprende actitudes, pensamientos y sentimientos.

---

1 La clasificación hecha sobre los mitos le pertenece al psicólogo y sexólogo Bernardo Stamateas. Consultar sus libros *Pasiones tóxicas* de Editorial Planeta, edición 2010, y del libro *Erotismo y sexualidad en la pareja*, del mismo autor, editorial Clie.

Las mujeres no podemos dejar de lado el sexo. Este tema es tan importante dentro de nuestra vida en pareja como cualquier otro tipo de atención que pudiésemos darnos. Los conflictos sexuales son fáciles de resolver, pero da pudor hablar de ellos. Por eso, si queremos disfrutar de nuestras relaciones y crecer en ellas, necesitamos romper con aquellos mitos y creencias erróneas que nos han enseñado.

Veamos algunos de ellos:

a. Los hombres tienen necesidades sexuales y las mujeres, no

FALSO. ¡Esto es mentira! Hay miles de mujeres que dicen: *«Yo lo hago para darle el gusto a él, para que no se vaya con otra, pero en realidad, me da lo mismo».* Es mentira que los varones tienen más deseo sexual que las mujeres. Lo que sucede es que culturalmente al varón siempre se le ha permitido tener sexo, porque un varón que no tiene sexo es considerado homosexual o raro, y el que tiene mucho sexo es un piola bárbaro, pero a la mujer que tiene mucho sexo se la llama de muchas y malas maneras.

En una encuesta realizada, se les preguntó a personas de ambos sexos qué era lo que más las excitaba. Los hombres contestaron que lo que más los excitaba eran las películas pornográficas, mientras que las mujeres contestaron que preferían ver cuerpos desnudos pero en escenas románticas. Los investigadores decidieron probar si era verdad y analizaron sus reacciones, y resultó que los cuerpos de estas mujeres también se excitaban con películas pornográficas, pero mientras sus cuerpos decían «sí», sus mentes decían «no». Fisiológicamente las mujeres tenemos los mismos deseos y necesidades que los hombres, pero la mayor complicación está en nuestra mente.

Debemos lograr que la mente y el cuerpo coincidan, y digan lo mismo.

Cuando mantenemos una relación sexual despojémonos de todo lo que no pudimos hacer, de lo que nos espera el día de mañana, de los impuestos, de los chicos, del jefe, etcétera. Este momento no es sólo para el hombre sino para nosotras también, sólo que no nos permitimos disfrutarlo.

¿Por qué el cuerpo no coincide con la mente?
Muchas veces esto sucede por:

1) Experiencias sexuales negativas en el pasado: abuso, violación, agresión.

2) Pertenecer a familias en las que no se hablaba del tema o por no haberlo hablado con las personas adecuadas.

3) Tener un marido agresivo, sucio, desapasionado, que te hace sentir como un objeto, usada.

4) Utilizar el sexo como manipulación, diciéndole al hombre: *«Si me das esto (plata, ropa, un sí a algo), te doy sexo; si no me lo das, esta noche no pasa nada» (colocándose la misma mujer como objeto o en un juego mecánico).*

b. Él tiene que saber lo que a mí me gusta

FALSO. El hombre no es adivino y tampoco es el semental que sabe todo. Tal vez no es tan experimentado como dice ser y, aunque lo sea, cada mujer es diferente de las otras. Y ellos necesitan saber qué es lo que a ti te gusta y qué no. De la misma forma ellos deben expresarle a su pareja lo que esperan de ella. Necesitan hablar y comunicarse, entenderse para después amarse.

c. El orgasmo simultáneo

FALSO. Éste es otro concepto erróneo que dice que «la pareja se lleva bien sexualmente cuando los dos llegan al orgasmo en el mismo momento». Éste es un mito.
En una encuesta realizada, se descubrió que sólo el 25% de las mujeres alcanzan el orgasmo a través de la penetración, el 75% necesita estimulación adicional del clítoris, el 11% son anorgásmicas y el 1% son multiorgásmicas (pueden tener varios orgasmos sucesivos).

Una mujer puede ser anorgásmica por no conocer que tiene un clítoris y que éste puede ser estimulado, y su esposo no la estimula porque sólo busca el propio placer y no tiene en cuenta sus zonas erógenas. Si a todas estas causas de falta de placer le agregamos el mito del «orgasmo simultáneo», se añadirán más conflictos.

Si en una relación sexual no tuviste un orgasmo, pero te has sentido bien, no importa. Lo cierto es que estuvieron juntos, se abrazaron, se besaron, se acariciaron, se dijeron cosas lindas y el amor seguirá creciendo cada vez más hasta que ambos puedan disfrutar y experimentar todo lo que esperan recibir del otro. Lo importante es estar juntos, conectarse, entenderse y amarse.

d. No tengo ganas

Es común oír: «No tengo ganas de nada, nunca quiero tener relaciones». Ahora bien, puedes hacerte una pregunta y responderte a ti misma: *¿Cuántas cosas hacemos en el día que no tenemos deseos de hacer?*

Con el sexo pasa igual, aun sin ganas hay que practicarlo, cuanto más se practique nuevos deseos nacerán, hasta el punto en que se convertirá en un hábito. Tu cuerpo va a responder a la cantidad. Es por eso que cuando un médico sexólogo trata parejas que tienen bajo deseo, les da la tarea de aumentar la frecuencia al máximo (¡tarea para el hogar!). La baja de deseo es recuperable aumentando la frecuencia, ya que ésta hace que aumente el deseo.

e. Él no quiere tener más sexo conmigo, no lo atraigo más

Si el varón que no tiene deseo sexual es joven, debe consultar a un sexólogo, que seguramente solucionará el problema rápidamente. Esto puede suceder por diversas causas: estrés, una medicación que esté tomando, etcétera. Pero si el hombre tiene más de 45 años, es porque el índice de la testosterona baja, entonces el hombre se vuelve un poco más femenino y va perdiendo «el macho» que lo caracterizaba.

Necesitamos ambos, mujer y hombre, conocernos más, darnos espacios y tiempos, darnos permiso para equivocarnos y perdonarnos. El deseo sexual nunca muere, podremos tener mayor o menor estrés, puedes estar atravesando la menopausia, podrán venir los calores, el frío, pero el deseo sexual no se altera.

Durante el patriarcado en el que hemos vivido durante años, la mujer solamente podía tener deseo sexual si primero el marido lo tenía, pero hoy sabemos que esto es sólo un patrón cultural y que tú también eres libre y puedes decir que hoy tienes ganas. El deseo sexual es exactamente igual en el varón y en la mujer. Por eso, mujer, ¡tú también puedes vivirlo, sentirlo y quererlo!

3. Conociéndolo a él

Hay que conocer la manera en que se comunican los hombres para poder entender todo lo que le sucede a ese hombre que pasó de ser nuestro príncipe azul, un rey, a ser un hombre que no sólo no es rey, sino que no tiene ni corona, ni reino, ni palabras, ni gestos, ni _____ (esta parte escríbela tú).

1. «Mujeres presentes, hombres ausentes»

Jamás abordaron conversaciones serias, ni lo van a hacer, porque no les interesa. Así vemos a hombres que prefieren retraerse y que sea la mujer quien se ocupe de las cosas serias, de los chicos, de la escuela, de los impuestos. Tú quieres que él también se comprometa, pero él te dirá que eres tú la que sabes más de esos temas. También están los bromistas, que nunca hablan profundamente de nada y así evitan asumir cualquier compromiso.

2. «Estoy muy cansado»

Pierden la creatividad, envueltos en un aplastante acostumbramiento. Todo debe hacerse igual, las cosas colocadas en los mismos lugares, los muebles dispuestos de la misma manera. Las frases íntimas o conversaciones profundas se convierten en un «¿me pasas el salero?»
Ambos seguramente se ven atrapados en la vorágine de una vida llena de ocupaciones. La mujer se hace tiempo para conversar porque quiere y necesita hacerlo, pero su pareja no. Se supone que los hombres cuando se casan perciben las responsabilidades que la sociedad hace recaer sobre sus hombros; en consecuencia, se limitan cada vez más a su trabajo y a triunfar.
Otros afirman que se sienten satisfechos con su vida y no ven motivos para cambiar o crecer y por eso se centran en sí mismos.

3. «Se hace como yo digo»

Participan para mostrar cuánto saben y no les interesa aprender de nadie, queriendo persuadir a todos para que acepten sus ideas e imponer su manera tajante de ver las cosas.

4. «Es cuando yo quiero y tengo ganas»

Llega la noche y tú no entiendes cómo ese hombre que se pasó la cena mirando *Fútbol de Primera* ahora tiene ganas de tener intimidad. Y te preguntas «¿de dónde le salen las ganas?», porque de lo único que tú tienes ganas es de matarlo… Preparaste la comida, levantaste la mesa, lavaste todo, hiciste las viandas de tus hijos para el día siguiente y ahora él quiere sexo… y tengo que decirte querida mujer que «es así». Para ellos, las mujeres siempre tenemos que estar dispuestas, es un tema de mentalidad.

Pero como las mujeres nos movemos mucho más por emociones, nos limitamos en las cuestiones del amor con nuestras parejas. Cuando conocimos a nuestra pareja, éramos nosotras también mucho más dulces, más cariñosas, pero tal vez aquellas circunstancias difíciles atravesadas levantaron paredes y coartaron nuestras expresiones de amor (quizás infidelidades, o momentos no superados). Y sucede que a él le pasó lo mismo. Por eso es menos romántico, ya no dice las cosas que te decía, es más frío y se creó una distancia donde se instaló un personaje: el temor.

La sociedad le hizo creer al hombre que si expresaba sus sentimientos con palabras dulces sería considerado débil, por eso ellos no acostumbran a decirlas o expresarlas. Suelen decir: «*Si te dije que te amaba cuando nos casamos, ¿para qué repetir lo que ya está sabido?, ¿cuánto hace que estamos juntos?, ¿no ves que trabajo todo el día para que no te falte nada?*»

Lo más sencillo para el hombre es acercarse a una mujer, lo más difícil es mejorar esos encuentros. Tal vez las mujeres que sintieron que su pareja ya no daba para más buscaron mil y una maneras de resolver este problema: ir a un terapeuta, buscar ayuda, etcétera. Pero si lo invitas a él a ir, te dirá: «¿para qué vamos a ir, qué te falta, qué más quieres?» Y es que al hombre no le gusta revolver el pasado. Pero en todo, aun en temas de pareja, debemos ser perseverantes y hablar sobre todo lo que sentimos y pensamos. La vida de una pareja es un proceso; siempre queda mucho por vivir y por aprender juntos. El amor es un proceso y vale la pena atravesarlo juntos.

La palabra amor está muy mal usada últimamente, muy vapuleada. Decimos a nuestra pareja «te amo» y después usamos expresiones como «amo este peinado», «¡cómo amo a Boca!», «amo esa ropa», confundiendo el término.

Respecto del matrimonio, Dios dice que «los dos serán una sola carne», con lo que está diciendo que ese amor es mucho más profundo que cualquier otro porque es un amor que incluye el espíritu, el alma y el cuerpo. Y el sexo forma parte de él, es una fiesta y como tal hay que disfrutarlo (no una fiesta de cumpleaños que sucede una vez al año). Cuando tu esposo es tu amigo, tu compañero, existirá entre ambos un compromiso, sueños y metas por lograr juntos, él te hace feliz y tú lo haces feliz.

Haz del amor una iniciativa, no esperes que el otro sea el que te diga que tiene ganas de estar contigo, tú también tienes derecho a sentirlo y a pedirlo. ¡Es normal! ¡Nosotras también tenemos ganas!

Dentro de ti hay mucho amor y está en ti soltarlo. Necesitamos saber que, cuando soltamos amor, estamos liberando un poder que vuelve a nuestra vida, que se reproduce y provoca un efecto continuo. El amor es energía, por eso es tan fuerte. Transfórmalo en iniciativa propia y goza, porque al que tiene se le dará más y al que más da, más amor se le añadirá, y más disfrute y más placer y más vida. Cuando amamos soltamos poder sobre la vida del otro y eso es tan fuerte que nos cubre a ambos. ¡Suelta amor! §

Capítulo 7

MI PAREJA ME DEJÓ Y NO SÉ QUÉ HACER

1. Estoy solita, ¿qué hago?

Nos enseñaron cómo adquirir cosas para estar felices, pero no sabemos qué hacer cuando las perdemos. Nadie nos enseñó cómo actuar cuando perdemos algo (nos referimos a perder una pareja que nos abandonó o que murió). Frente al abandono, nos dijeron:

«No llores.»

«Lo perdiste, ¡se fue!, reemplázalo por otro, búscate otro.»

«El tiempo lo cura todo.»

Sin embargo, ninguno de estos conceptos es verdadero. A las emociones, a las pérdidas, primero hay que sanarlas. Nos dijeron: «No importa que él se haya ido, tú tienes que ser fuerte por tus hijos». Y esta creencia errónea nos trajo mucho dolor a todos, especialmente a los hijos, que sintieron la carga de una mamá que tenía que cuidarse delante de ellos, no pudiendo llorar, sufrir ni angustiarse por mantenerse fuerte por los demás.

¿A cuántas les dijeron, ante el abandono, frases como «mantente ocupada, haz un curso de tejido, de corte y confección, de inglés, no importa lo que hagas, pero haz algo»? Y una vez más, haces lo que los otros te dijeron que es lo mejor para tu vida. Pero eres tú quien debe decidir qué hacer para recuperarte del dolor y volver a confiar.

Las mujeres nos casamos para formar una familia, pensando que este paso es para siempre; nadie se casa pensando que se va a separar. Por eso el shock de la separación es normal: es lógico que nos asombre y que, al comienzo, nos encontremos desorientadas, sin saber claramente qué rumbo tomar.

Hay un momento, después del abandono, en que una se siente como perpleja, no entiende nada, parece que las cosas son extrañas y que esta situación no te está pasando a ti, sino a otra persona.
Por eso, frente a estos momentos de estrés, de desconsuelo, las mujeres podemos reaccionar de varias maneras. Veamos algunas de ellas.

1. La mujer abnegada

Esta mujer dice:

«Lo quiero recuperar y voy a hacer todo lo que sea necesario. Si tengo que arrodillarme delante de él, lo voy a hacer; si tengo que cambiar, cambiaré; si le tengo que rogar, le voy a rogar. Él tiene que volver conmigo».

---

2. La «perra mala»

Esta mujer está llena de dolor y bronca, y necesita que de una u otra forma, él experimente lo que ella está viviendo. Por eso dirá:

«Lo voy a destruir.»

«Lo va a pagar caro.»

«No le voy a dejar ver a los nenes.»

«Le voy a arruinar la carrera.»

«Voy a visitar a una bruja y le voy a hacer un trabajo.»

«Va a perder todo, no le va a quedar nada.»

Y así es como esta mujer sigue involucrada con una persona que decidió comenzar otra vida.

3. La mujer víctima

Éstos son los pensamientos de una mujer que ha sido abandonada y se hace responsable del ciento por ciento de la ruptura:

«Algo malo hay en mí.»

«Soy demasiado imperfecta para que algo me dure.»

«Si él me abandonó es porque soy un desastre.»

«Si él me abandonó es porque es superior a mí.»

«Debería haberle dado más, no lo supe retener.»

«No supe estar con él.»

«No fui lo suficientemente mujer.»

«Nuestra pareja andaba bien, no teníamos problemas, no sé por qué me abandonó.»

«Andábamos bien, nunca una discusión, a mí no me dijo nada, nunca me demostró que estuviera mal.»

Esta mujer, frente a un abandono, seguramente caerá en una profunda depresión y no encontrará la forma de salir y enfrentar la vida. Se sentirá fracasada, tal vez intente suicidarse, intentará por todos los medios (pero siempre a través del dolor) de seguir llamando la atención.

4. La «loca de la guerra»

En esta categoría encontramos a la mujer superada. Se te-
ñirá el pelo, bajará todos los kilos de más que acumuló durante la vida de casada, se pondrá una minifalda, mostra-
rá sus piernas… y a vivir la vida loca. Sin embargo, con estas
actitudes, esta mujer aún siente a ese hombre que hoy ya
no está con ella.

Pero, ninguna de todas estas actitudes, anteriormente ex-
puestas, te servirá para sanar ese dolor. Puedes hacer todo
lo que quieras hacer, pero no todo lo que hagas te servirá
para recuperar las fuerzas y las energías que necesitas para
seguir adelante. En ese tiempo de soledad, necesitas mirar
y realizar a cabo lo que más le convenga a tu salud física y
emocional, y lo que no atente contra tus valores, tus principios y tu integridad como mujer.

2. Conmigo misma estoy completa

Para poder recuperarte del abandono, te urge entrenarte
en dos áreas claves de tu vida: identidad e independencia.
Y para aprender a tener identidad, debemos dejar de pensar en función de los otros, y pensar qué es lo mejor para
nosotras.

- ¿Quién eres?

- ¿Qué quieres?

- ¿Cómo te definirías a ti misma?

Los demás deben conocer lo que piensas, lo que sientes. Preséntate diciendo «esto lo pienso yo, esto lo digo yo, y ahora las cosas son así». Descubre y deja salir a esa mujer grandiosa y maravillosa que tienes dentro.

En una oportunidad, una mujer agonizante fue llevada a un tribunal celestial.
—¿Quién eres? —le preguntó una voz.
—Soy la mujer del alcalde —contestó ella.
—Te he preguntado quién eres y no con quién estás casada.
—Soy madre de cuatro hijos.
—Te he preguntado quién eres y no cuántos hijos tienes.
—Soy maestra de escuela.
—Te he preguntado quién eres y no tu profesión.
—Soy cristiana.
—Te he preguntado quién eres y no tu religión.
—Soy una persona que va todos los días a la iglesia y ayuda a los pobres.
—Te he preguntado quién eres y no lo que haces.

Y termina la historia diciendo:
«Si no somos capaces de encontrar el paraíso en nuestro interior, no seremos capaces de encontrarlo nunca en otra persona.»

Si tu vida sigue dependiendo del que te abandonó, quizá no en lo económico, pero sí en ideas, pensamientos y opiniones que te dejó marcada a fuego. Y todavía no descubriste tu interior, siempre estarás respondiendo a los planes que los demás fijaron para ti.

¿Crees que no puedes satisfacer tus necesidades básicas, que no tienes la capacidad de procurarte comida y ropa, y que necesitas que alguien lo haga?

Comienza a entrenarte en tu independencia: vincúlate con la gente pero no te aferres a nadie. Trabaja en tu identidad y en tu independencia. Tienes todo lo que necesitas para autoabastecerte. Invierte en ti. ¡Aprende a cuidarte!

A nosotras las mujeres nos enseñan a cuidar a nuestros hijos, a nuestros maridos, a todos, excepto a nosotras mismas.

**Invierte tiempo en ti.
Completa todas las cosas que tienes pendientes, comprométete contigo misma para hacerlo y empieza a hacer lo que hasta hoy postergaste.**

Si no inviertes en ti, cuando vuelvas a buscar una pareja no será para vincularte sino para aferrarte; estarás buscando a alguien que te complete, sin saber que ya estás completa.

Y si necesitas estar con alguien en ese tiempo de recuperación, hazlo con aquel que sea mucho más fuerte que tú. Acciona, muévete, no tengas tiempos muertos, tiempos en donde pareciera que las circunstancias te adormecen y paralizan. Si estás dispuesta a crecer, a ser libre, a ser independiente, a recrearte a ti misma, te aseguro que no te volverá a pasar lo mismo. Nunca más te sentirás desvalida y sola.

Si sabes quién eres, nunca más te aferrarás a los otros ni dependerás de ellos, como si fueran un salvavidas, sino que los verás como personas a quienes tú elegiste para que te acompañen, para compartir tus sueños y caminar juntos.

Alguien dijo: «La vida es como ir en bicicleta, uno se cae si deja de pedalear». Sigue pedaleando. No te apures, tómate tiempo, permítete estar a solas contigo misma un tiempo, para que cuando vuelvas a elegir lo hagas sanamente y sabiendo quién te va acompañar en ese nuevo diseño de vida que elegiste para ti.

Si alguien te abandonó y estás caminando para recuperarte, ama a otras personas, conoce gente, ama con niveles más bajos de intensidad, pero ama, no pierdas la capacidad de amar. Si te sientes mal, ama más a tus hijos, a tus nietos, a tus sobrinos pero nunca dejes de amar. No permitas que lo que te pasó nuble tu capacidad de querer. ¡Mantén activo tu mundo emocional, no te cierres! §

Capítulo 8

MI MARIDO ME PIDIÓ EL DIVORCIO

1. Superando las crisis inesperadas

Muchas veces hemos pasado por crisis que no esperábamos, y una de las mayores frustraciones de los seres humanos es perder el control sobre algún acontecimiento. Al no poder intervenir, nos sentimos impotentes y parece que nada tiene solución, especialmente para las mujeres, que nos desesperamos por no poder controlar.

Y frente a estas crisis decidimos dejar todo y decimos: «No lo puedo hacer, abandono el sueño, nunca imaginé que me pasara esto». Lo primero que hacemos es renunciar a nuestros sueños y a nuestro propósito.

Tal vez te pasó algo inesperado. Tu marido te pidió el divorcio y estás llorando, necesitas que alguien te consuele, te sientes aún más sola que antes. Habías hecho un mapa de tu vida, la habías proyectado de determinada manera —tener hijos, trabajar, tener una empresa—, y te diste cuenta de que las cosas no se dieron como te imaginabas. Muchas veces nos preparamos para realizar todo aquello que en algún momento sabíamos que pondríamos en marcha, pero no estamos preparadas para las crisis y lo inesperado. Y nos preguntamos:

> ## «¿Y ahora cómo hago para seguir viviendo?»

¿Cómo transformamos lo que parece ser un callejón sin salida en escapatoria? ¿Cómo salir entonces de aquellas crisis que nos angustian? ¿Cómo dejamos ese lugar que parece no tener salida?

Debo llamar a las cosas por su nombre.

¡No encubras tu dolor! A pesar de la confusión que sientes, ponle un nombre a la crisis.

Si tu pareja te dijo que no te quería más, que no sentía nada más por ti, que se quiere divorciar, no digas: «*Se le va a pasar, nos vamos tres días de vacaciones y va a cambiar su manera de pensar. Es que su mamá le llenó la cabeza en mi contra, pero yo voy a hacer que todo se revierta*». O «*lo que pasa es que conoció a esa mujer que le hizo una brujería y se lo llevó*». ¡Llama a las cosas por su nombre aunque te duela! Y al nombrarlas tendrás poder para controlar el dolor. No necesitas ocultar lo que te está pasando, no es pecado, no te llenes de mentiras. Si lo haces, la angustia y la soledad que sientes te robarán las fuerzas y las energías que necesitas para sobreponerte a esta situación.

Las estadísticas dicen que cuando una mujer se divorcia es más criticada que los hombres, y especialmente esta crítica viene de parte de sus madres. No te llenes de culpas que no te pertenecen. Todos nos equivocamos.

Muchas mujeres no aceptan que sus parejas las abandonen y dicen: «Él va a volver, porque no dejó de amarme». Lo inesperado es doloroso, pero más pena nos causa un pensamiento que es recurrente en las mujeres: «*Lo podría haber evitado*». Y no es así.

Frente a lo inesperado, como no sabemos manejarlo, nos criticamos y condenamos nuestro pasado. Nos decimos: «Es que viví mal», «al final, él nunca me amó», «todo lo hice mal», «le entregué lo mejor de mi vida y él se rio de mí», «me maté por este trabajo y ahora estoy enferma, desgastada», «¡le di todo, dejé los estudios, todo por ocuparme de la casa para que él progresara!»
Frente a este dolor no importa todo lo bueno que hemos hecho, terminamos siempre condenando nuestro pasado. Las mujeres terminamos siempre echándonos las culpas.

No disfraces tu crisis, asume lo que estás atravesando y tendrás el control y la respuesta que dé rumbo a tu vida.

No poder nombrar lo que nos está ocurriendo nos acarrea más angustia y nos hace perder de vista todo lo bueno que seguimos teniendo. *No hay nada peor que estar en una nebulosa sin saber qué nos está pasando o qué vendrá después.* No dejes que el pasado o las culpas te condenen. Recupera todo lo bueno que hiciste, todo lo que alcanzaste. Concéntrate en todas aquellas situaciones en que diste lo mejor de ti misma. Aunque hoy tu marido te pidió el divorcio, la capacidad de amar y de ser amada nunca se irá de tu vida.

Quizá te preguntes:

> «¿Y de qué me sirvió todo lo que di, todo lo que hice?»

> **Te sirve para saber quién eres, para saber que tu amor fue real y que ahora eres más sabia por haber amado y creído.**

Muchas veces, lo que hacemos es llenarnos de dudas, de temores y de inseguridades. Los únicos que hablamos de nuestras debilidades somos nosotros mismos.

Aférrate al propósito: no abandones lo que te propusiste alcanzar, pase lo que pase. Si perdemos de vista el rumbo de nuestra vida, siempre necesitaremos aferrarnos a los otros como si ellos fueran nuestra tabla de salvación, y cuando ya no están con nosotros creemos morir. Nos preguntamos: *«¿Cómo voy a hacer ahora sin mi marido?», «¿qué haré con mi hijo en esta situación?», «¿cómo seguirá mi vida después de esta enfermedad?»*

No llenes tu mente de negatividad. Soltera, casada o divorciada, nadie puede robarte la confianza en ti misma y la visión. Si tu marido te dejó, pregúntate:

¿Es esta pareja la que soñé?

¿Soy la mujer que soñé ser?

***¿Cumplí con el mapa trazado para mi vida
o hay cosas que quedaron sin hacer?***

Piénsalo...

2. Perdónalo y perdónate

Es tiempo de abandonar lo que ya no sirve, todo aquello que hizo que perdieras tu esencia. No seas más «la buena», «la que hace todo», «la que todo puede y todo soporta». Encuéntrate contigo misma...

> **Es tiempo para lo nuevo y para
> extenderse hacia el futuro.**

Si tu marido te pidió el divorcio, no busques reemplazarlo con otro hombre inmediatamente; no construyas sobre ruinas, mírate hacia adentro. *¿Viste alguna vez esas mu-*

ñecas rusas que se superponen una dentro de la otra? El fabricante de estas muñecas expresó que cada vez que se saca una capa, la muñeca que está debajo es mucho más hermosa que la anterior. Del mismo modo, cuando comiences a descubrirte, vas a encontrar las cosas que aún no salieron a la luz. Te encontrarás con un potencial y con una fuerza que hasta hoy pensaste que no tenías.

No te concentres en lo desfavorable, sino en lo que está de tu lado. *¿Cuál es el sueño del mapa que habías trazado y que, por lo inesperado, no seguiste?*

Muchas veces, las mujeres abandonamos algo de nosotras mismas en cada relación que encaramos. Antes, en la adolescencia, en la universidad, éramos auténticas, pero nos casamos o tuvimos hijos y fuimos perdiendo nuestra autenticidad.

¡Así somos las mujeres! ¡Somos hermosas, aceptémonos!

Parece que hoy nadie te entiende, que el mundo se viene abajo, pero ten en cuenta que el tiempo y los sueños que te propongas alcanzar traerán a tu lado a las personas indicadas. Permítete decir y sentir:

- Aunque a veces estoy bien y otras mal, soy así. Pero intento cambiar, trato de mejorar mi vida, me miro hacia adentro y modifico algunas cosas.

- Acepto los momentos en que lo pasé mal por situaciones inesperadas, pero sé que estoy dándole valor a mi vida y estoy volviendo a nacer.

Permítete sanar tus emociones. Éste es el momento de ponerte de pie, secarte las lágrimas, y salir nuevamente a la vida. El llanto tiene que terminar: debes ponerle límite o, de lo contrario, otro lo pondrá. *Aprendamos a aceptar las cosas que nos pertenecen, a no castigarnos por lo que descubrimos, a poner nombre a todo lo que nos pasa, a ser veraces con nosotras mismas y no mentirnos.*

Tal vez estés desilusionada porque la vida no fue como la planificaste y estás mirando los fragmentos de tus desilusiones, desencantos, abandonos y maltratos; recordando a los que te dañaron, mintieron, usaron y a los que te quisieron, te besaron, pero hoy se fueron.

Pero aún hay algo que no descubriste y es ésa la mujer que surgirá de ahora en más. Despójate del pasado y avanza. Todos los recursos, todo lo que necesitas está dentro ti. Hay algo que tú haces en lo que eres talentosa, en lo que nadie te supera, ¡úsalo a tu favor! Completa y termina todas aquellas metas que una vez comenzaste. Es tiempo, ¡es tu tiempo! §

Capítulo 9

NO ENTIENDO
A LOS HOMBRES

1. Maridos y maridos

A lo largo de la vida, las mujeres nos relacionamos básicamente con tres hombres: papá, marido (o pareja) e hijos varones. Pero también con suegros, jefes, médicos, profesores, amigos nuestros, de nuestros hijos o nuestros esposos.

A medida que nos vamos relacionando con ellos, vamos conociéndolos mejor, y por ende entendiéndolos más (entre nosotras, una tarea no muy fácil). Aunque los dichos populares dicen *«¿quién entiende a las mujeres?»*, en verdad entenderlos a ellos no es fácil. Por eso, para que te resulte un poco más fácil, te voy a contar algunos estereotipos y características de hombres que solemos encontrar.

De esta forma, cuando elijas o necesites mejorar tu relación, sabrás cómo funcionan algunos de estos hombres.

Empecemos por el **hombre-bebé**. Este hombre *«nunca crece»*, es el eterno niño o adolescente. Nació en un hogar inestable, donde seguramente no se contaban ni hablaban los problemas. Este niño se vio forzado a aparentar que todo estaba bien y a mostrar un rostro alegre.

Generalmente, los hombres-bebés tienen comportamientos autodestructivos, son codependientes y no quieren defraudar ni lastimar a nadie. No pueden decir «no». Son personas de buen corazón y pícaros a la vez.

Estos hombres buscan la paz a cualquier precio y necesitan que la mujer que está a su lado se transforme en una mamá. Si es tu caso, tal vez te encuentres diciendo: *«¿Por qué no le dijiste tal cosa?»*, *«¿no te diste cuenta de cómo te miraba ésa?, seguro quería algo»*. Y él responderá: «¡Qué sé yo! Eres tú la que te das cuenta de esas cosas…» Dirán: «Encárgate de los chicos porque yo no sirvo». *¡Y así es! Si todavía él tiene que criarse, ¡cómo va a cuidar de sus hijos!*

Hasta que no dejen de ser bebés no podrán ser padres, y pretenderán que los trates como a un hijo más. Y desde ese lugar, tú serás la mala de la película, porque serás quien deba enfrentarlo con lo que «no hace». Es decir, serás la bruja y él será el pobre santo que tiene que aguantarte.

Piensa por un momento:
Cuando tuviste en brazos al bebé de una amiga o un familiar y el bebé se ensució, ¿qué hiciste? Seguramente se

lo diste a tu amiga para que lo cambiara. Y le dijiste: «Toma, se hizo caca». Lo mismo puedes hacer con tu marido. **¡No le cambies los pañales a tu hombre-bebé! ¡No te hagas cargo de sus cosas!** ¿Qué pasaría si comenzaras a desprenderte de él y a dejarlo libre para que él pueda comenzar a crecer? Piénsalo.

Ahora le toca el turno al **hombre-perchero**. Este hombre está obsesionado consigo mismo y vive preocupado por su imagen. Cree que todo lo que pasa está relacionado con él y que él y sus necesidades son lo único importante. Siempre tratará de buscar su propio beneficio, sin interesarse por nadie más. Este tipo de hombre buscará superar a los demás. Es muy probable escuchar de ellos: *«Voy a hacer el gran negocio»*, *«me verás triunfar, ¡seré grande, mi idea es inmensa!»*

Con tal de lograr su objetivo, te pasará por encima y se creerá imprescindible. Te dirá: *«Tú sin mí, no sé qué serías»*, *«yo te saqué del lugar donde vivías»*, *«¿te quieres separar de mí, adónde vas a ir si eres una pobre mujer que no tiene nada?»* Porque al hombre que está preocupado por su imagen no le interesa nada del resto de las personas.

Son esos hombres que no quieren que estudies, ni que trabajes, ni que tengas tus propios ingresos. Tampoco quiere que vayas a ningún lado «porque la gente te puede hacer mal». Pero todo esto es una gran ¡mentira! Te lo dice para que permanezcas en un estado de negación y de debilidad tal que nunca puedas superarlo.

Sólo ellos son los grandes. Ahora bien, ¿qué pasaría si te animaras a no darle valor a esas palabras? ¿Y si te desafiaras a ti misma? ¿Y si lo logras y descubres que todos los mensajes que hasta hoy aceptaste y creíste eran todos falsos y venían de un manipulador? Piénsalo.

Mientras sigas avanzando quizá te encuentres con **el hombre-dispenser**. Estos hombres se calientan cuando tocas un botón y se enfrían cuando tocas otro. No les gusta que le digan lo que tienen que hacer y, en caso de aceptar tu pedido, lo harán con bronca, refunfuñando, «sin ganas».

Un ejemplo de este estereotipo de hombre es el empleado bancario. Trabaja por años en el mismo banco, sentado en la misma silla, en el mismo escritorio, no hace nada más porque su trabajo no le exige más y también porque tiene mucho miedo a equivocarse.

Generalmente su mujer dice frases como «si no fuera por mí, no hubiéramos conseguido la casa», o «si yo no hubiera ahorrado, nunca nos habríamos ido de vacaciones».

Y este hombre, como no quiere fracasar, prefiere quedarse con lo conocido y no arriesgar. Todo lo hará sin entusiasmo, y es muy difícil conseguir una reacción de su parte. Por eso, cuando ese hombre-dispenser se queje, puedes responder: «¿Por eso te quejas? ¿Es tan difícil lo que te pedí?» Refútale toda queja. Cuando te diga: «Siempre lo tengo que hacer yo», puedes decirle: «¿Siempre?» O si dice: «Porque tú nunca…», puedes contestarle: «¿Nunca?»

Y por último, podemos encontrarnos con el **hombre-maniquí**. Es el hombre perfecto, ese hombre que te gustaría tener en la cama, que te enamora cuando lo miras, el hombre completo. Es atlético, musculoso, bueno, comprensivo, te proporciona mucho dinero, te lleva de viaje, paga tus cirugías y es fiel por naturaleza.

Pero antes de que sigas entusiasmándote con este hombre, quiero darte una noticia:

> ## Ese hombre no existe,
> ## está sólo en las vidrieras.

Tiene las características que soñamos y cumple con todas nuestras expectativas, pero es de plástico.

Hoy es tiempo de empezar de nuevo. Muchas mujeres que pasaron sus vidas al lado de hombres como éstos permanecieron sentadas o trabajando todo el tiempo, haciendo lo que tenía que hacer él y haciendo lo que les tocaba hacer a ellas. Tal vez estuviste años mirando lo que él no hacía y te olvidaste de lo que tú debías hacer.
No tapes baches de nadie, haz lo que te corresponde, crea tu camino. Eso no es orgullo, no es ser egoísta, porque cuando las mujeres hacemos nuestro camino, mejoramos también a quienes están con nosotras.

Y recuerda que:

• Eres tú quien debe elegir y decidir lo mejor para tu vida. No esperes que lo hagan los otros.

• La pasividad del otro no puede ser tu techo.

• **Del éxito que crees merecer dependerá tu vida.**

• **Estás hecha con la mejor calidad que existe, estás destinada al éxito y a alcanzar lo mejor para tu vida.**

2. No lo entiendo, ya no sé más qué hacer...

Muchas veces, las mujeres no sabemos qué más hacer para conformarlos, para que estén bien, para que nos hablen, para que nos cuenten, para que nos presten atención. Todo el tiempo necesitamos sentirnos amadas, valoradas, tenidas en cuenta, por eso volcamos en ellos todas nuestras expectativas. Y todo lo que necesitamos lo proyectamos en ellos:

«Este hombre me va a cuidar.»

«Me dará lo que necesito.»

«Me hará feliz.»

«Me mantendrá.»

«Me dará seguridad.»

«Me amará por siempre.»

Y así es como todo lo que hacen los otros repercute en nosotras y en nuestra felicidad.

> ## Si no entendemos a los hombres es porque ponemos nuestras expectativas en ellos.

La sociedad espera que tanto hombres como mujeres actuemos de determinada manera. Las mujeres decimos: «Si él no tiene expectativas, yo haré que las tenga», pretendiendo que por nuestro esfuerzo cambie. Y pensamos que por nosotras ellos cambiarán su actitud, olvidando que sólo cambia el que desea cambiar. Y así es como llegamos al matrimonio, con expectativas por todos los cambios que ellos harán por nosotras.

Pero, ¿te pusiste a pensar qué pasará si este hombre no cambia? Por cierto, aparecerán las crisis, la desilusión, la soledad y frente a ello diremos: «No lo entiendo».

Sucede que las mujeres, muchas veces, tenemos expectativas que son razonables y aceptables, pero otras son verdaderamente irreales. Si, por ejemplo, una de nuestras expectativas es que nuestro marido no mire nunca a ninguna mujer, es una expectativa imposible de cumplir, porque de todos modos va a mirar y quizá lo haga cuando tú no estás. Sin embargo, una expectativa real y correcta sería: «**Yo quiero que me sea fiel**».

Si tu expectativa es tener el mismo cuerpo que tenías cuando lo conociste, seguramente ésta es una expectativa irreal que tu marido puso en ti. A esto puedes contestarle: «Después de haber tenido tres hijos, ¿cómo voy a tener ese cuerpo? Tampoco tengo quince, ya tengo cuarenta o cincuenta y pico».

Si esperas que «él te cuente todo», esta expectativa es irreal. Es irreal e imposible que los hombres puedan contarnos todo, porque su lenguaje está acortado. Ellos sólo hablan de soluciones, en cambio las mujeres filosofamos todo.

Los hombres suelen tener mucho miedo a la ira de las mujeres, a su reacción, por eso suelen callarse o mentir. Muchas veces, las mujeres queremos que nos cuenten, pero si lo que nos dicen no nos gusta, explotamos. Por eso es probable que la próxima vez, antes de hacerlo, lo piense veinte veces.

> • Queremos que sea sensible
> y seguro a la vez. ¿Te das cuenta?
> ¡No sabemos qué queremos!

Si nos cuenta sus emociones, temores, alegrías y miedos, ¡salimos corriendo! Lo que menos queremos es estar al lado de un hombre miedoso o inseguro. Y si no nos cuentan, decimos que son insensibles. ¿No es una contradicción?

> • Queremos un hombre
> que se cuide físicamente
> pero que no sea obsesivo.
> • Queremos que sea decidido
> pero no atropellador.

> ### *Querida mujer:*
> ### No podemos entender a los hombres porque no sabemos qué queremos.

Ponemos en ellos expectativas tan altas que nadie las puede cubrir. Es por eso que muchas mujeres buscan un hombre ideal, expresando expectativas irreales, para que nunca aparezca, o cuando lo tienen se sienten solas porque ese hombre no les brinda lo que ellas necesitan: unos tienen los zapatos sucios, otros las medias rotas, otros nunca dicen que nos quieren y así la lista puede ser infinita.

Muchas veces las expectativas que ponemos son muy altas para no encontrar la solución al conflicto y así ponemos cargas pesadas y difíciles de llevar en los demás. «Haz como yo te digo», «compórtate de esta manera», «trata a tus hijos así»: cargas que ellos no pueden llevar. Hemos puesto tanto peso y tantas demandas sobre nuestras parejas que nos hemos relegado y nos olvidamos de seguir creciendo.

Nuestra sociedad nos ha hecho creer, a hombres y a mujeres, que los brazos de ellos fueron creados para doblarlos y para que nosotras, las mujeres, nos pudiésemos colgar de ellos. Sin embargo, la mujer no es anexo de nadie: somos únicas y especiales y tenemos todas las fuerzas y las capacidades que necesitamos para salir adelante.

> ### No nacimos para estar detrás de un hombre. Somos fuertes y todo está a nuestro favor para lograr lo que deseemos.

Tu pareja no tiene que hacer lo que tú quieras. Permítele libertad, no libertinaje.

Nadie tiene derecho de esclavizar a nadie. Si lo haces, llegará el momento en que te vas a frustrar. Ellos no son príncipes, pero tampoco nosotras somos princesas. Todos fallamos, todos tenemos lados oscuros. Lo importante es que conozcamos nuestras fallas y podamos revertirlas, que podamos hablar de nuestras ausencias y sanarlas. Lo importante es que ambos crezcamos. Él no tiene que hacerse cargo de tu soledad, tú eres la que debes hacerlo.

Desde pequeño, al hombre le enseñaron que no expresara sus sentimientos, por eso dentro de sí mismo está dividido. *«No te quedes con una sola mujer, diviértete, conoce»*, por eso el hombre puede salir con muchas mujeres y no ligarse emocionalmente a nadie. En cambio a las mujeres, nos dijeron: *«Nena, cásate con el primero que encuentres»*.

Al hombre se le enseñó a amar a la madre de sus hijos y a desear a otra mujer, con la que disfrutará. Está dividido y, si no se pone de acuerdo consigo mismo, ¿cómo lo hará contigo?

Y cuando la mujer no se siente deseada, se descuida: «Total, siempre le van a gustar las de veinte». Y así es como comienza a dejarse de lado. Sólo de ti dependerá quebrar todos estos falsos conceptos y transformarte en la mujer que anhelas y deseas ser.

Hoy, como mujer, puedes hacerte dos preguntas:

1. ¿Adónde estás queriendo llegar?
2. ¿Quién quieres que te acompañe?

No te hagas la segunda pregunta sin haberte hecho antes la primera. Si te preguntas primero *«¿con quién iré hacia donde quiero llegar?»,* probablemente tengas dificultades, porque habrás elegido a alguien pero no sabrás adónde ir. En cambio, si el foco está primero puesto en tu destino, sabrás cuál es el hombre que necesitas para que te acompañe. Si el foco está primero en el camino que vas a elegir, todo el que te acompañe será feliz y tendrá éxito, y si hay algo que no está bien, ambos podrán transformarlo.

«Donde está tu tesoro, allí estará tu corazón.» Si tu tesoro es tu pareja, tu corazón pensará en lo que «no hace», «no es», «en sus problemas», «en su carácter», «en lo que no logra», «en sus fracasos y en los tuyos por estar a su lado». Pero, sabiendo adónde vas, el que te acompañe será alguien más yendo hacia el «éxito». §

DE QUÉ HABLAMOS CUANDO NO NOS HABLAMOS

1. ¿Hay alguien en casa?

M uchas mujeres se preocupan al no percibir ninguna señal de comunicación por parte de sus parejas: ni palabras, ni expresiones faciales significativas, ni ningún contacto visual. Parecieran ser dos extraños bajo un mismo techo.

Sin embargo, él parece poder comunicarse con todo el mundo, con todos es un hombre encantador; «¡*tú sí que te ganaste la grande, nena!*», te dicen. Pero parecería que este hombre tan elogiado decidió no hablar ni con su esposa ni con sus hijos. Y la falta de comunicación profundiza la soledad en los miembros de la pareja.

La falta de diálogo es uno de los principales problemas de

las parejas de hoy, junto con la falta de proyectos en común, de sueños y de ideas. Y es generalmente la mujer la que comienza a advertir esta carencia y a culparse por el mal momento que están pasando. Y sin darse cuenta, este miedo y esta soledad que comienza a sentir la llevan a entretejer historias falsas, que sólo existen en su mente. Así es como esta mujer, que no puede comunicar sus emociones, tratará de compensar ese silencio con una serie de preguntas y respuestas que ella misma formula y responde. Por ejemplo:

1. Inventará un diálogo y jugará los dos roles: el de él y el de ella.

Mujer: —*¿Cómo anduvo el trabajo?*
Hombre: No responde.
Mujer: —*Fue duro, ¿eh? Bueno, siéntate que te traigo la cena.*

Cuando la mujer responde en lugar del marido, lo que está haciendo es protegerse de la desazón que le produce el hecho de que él ni siquiera se moleste en responder a su pregunta. Entonces ella imagina una situación en la que simula que se han comunicado. Ella no obtuvo respuesta, por lo tanto lo que ella responde es lo que ella supone que ocurrió.

Como reconocer la realidad le produce tanto dolor, esta mujer que no quiere ver lo que sucede a su alrededor, imaginará y colocará en él actitudes o maneras de ser que no existen; lo justifica y excusa ante sí misma. Y por medio de ese tipo de comunicación, la mujer evita enfrentarse a la verdad: su marido no la respeta o no quiere decirle algo que esconde.

2. Esta mujer justifica el accionar de su pareja, aun lo injustificable.

Ejemplo:

«Él me ama pero le cuesta expresar sus emociones.»

«Papá está orgulloso de ustedes aunque los critique, lo que pasa es que no sabe cómo expresarlo.»

Esto lo hace también para tapar la posibilidad de que su marido, por ejemplo, la haya dejado de querer. Ella piensa: *«Cuando estábamos de novios él me hablaba y ahora no, tal vez dejó de quererme».*

3. Esta mujer se desvive por hacer todo lo que esté a su alcance para que su compañero pueda cambiar de actitud, le consigue cursos, le proporciona el número de un terapeuta, le cocina lo que le gusta, le compra revistas, hace todo y aun más para tener a su lado el hombre que siempre soñó.

Sin embargo, ninguna de estas estrategias evita que esta mujer siga sintiéndose sola. Esta mujer inventará diálogos, tratará de justificarlo, y finalmente se aislará más en sí misma. Pensará: *«¿Para qué le voy a contar lo que me pasa si a él no le interesa, si él está metido en su mundo, si yo no existo para él?»*

Sesenta o setenta años atrás, nuestras abuelas no esperaban que sus maridos les proporcionaran intimidad, participación, lugar, pertenencia emocional. Eso no significa que no lo desearan, simplemente no lo esperaban. Podían llegar a sentirse tristes, pero no abrigaban expectativas de intimidad, por lo tanto no experimentaban este tipo de soledad que hoy sienten las mujeres que sí tienen esa expectativa.

Cuando un marido está en su trabajo o con sus amigos habla de mil cosas, pero rara vez hablará de su intimidad o de lo que realmente a él también le pasa; pero en fin, habla… Sucede que cuando llega a casa pareciera que las palabras se han terminado, y esos eternos silencios son motivo suficiente para que una mujer que se siente sola piense que él está saliendo con otra mujer. Pero en realidad este hombre no habla porque él es así; su naturaleza no es como la nuestra. Las mujeres tenemos más capacidad para expresarnos y dar a conocer nuestras emociones; al hombre le cuesta mucho más. Por todo esto, lo mejor es detenernos, aplicar sabiduría y comenzar a entender cómo funciona cada sexo y cómo funcionamos ambos, «en pareja».

2. El silencio no es salud

Las mujeres muchas veces solemos disfrazar nuestras palabras porque nos cuesta mucho decir lo que queremos o lo que pensamos. Pensamos que siempre nuestras palabras deben ser correctas y adecuadas, y en verdad esto no tiene que ser así. Cuando no podemos decir aquello que nos molesta, que nos lastima, nuestro cuerpo será el receptor de todas esas emociones negativas que escondemos y terminará enfermándose. Nuestro cuerpo comenzará a dar el mensaje que nuestra boca no puede dar. El cuerpo se hace cargo de los conflictos emocionales que la mente no puede resolver, y las enfermedades hablarán por sí solas. El silencio no es salud. Si no hablas, tu cuerpo se volverá más vulnerable a ciertos tipos de síntomas y enfermedades:

- Asma

- Várices

- Diabetes

- Osteoporosis o artritis

- Dolores permanentes de cabeza

Y de repente te preguntas: «¿Cómo es que de golpe me vino todo esto? Si yo siempre fui sana». Pero el hecho es que tu cuerpo se resintió, no sólo por lo que hablamos todos los días, sino por lo que hemos silenciado durante años: la infidelidad, el maltrato, el desaire, la falta de respeto de tus hijos, temas que quedaron pendientes y nunca hablaste.

Cada vez que surge la oportunidad de decir lo que piensas o sientes, debes hacerlo, de lo contrario estarás entregando tu poder. Muchas cosas saldrán de tu vida y otras sanarán física y emocionalmente, el día que digas lo que hace mucho tiempo callas.

> **Habla en el momento justo y con la persona correcta; no hagas silencio.**

Por años, a las mujeres nos enseñaron a «callar para que todo esté en paz». Esto es un error. Cuando nos llenamos de miedos, de enojos y de broncas, hablamos en el momento incorrecto y con las personas equivocadas. No es necesario guardar silencio para mantener la paz, sino hablar con sabiduría. La palabra dicha con sabiduría puede revertir cualquier crisis que estés viviendo. Habla con confianza, con seguridad, y practica decir «no» las veces que sea necesario. Sé firme contigo, aprende a decir «no» a algunas cosas y estarás preparada para decirle «no» a los demás. Tú puedes transformar lo negativo que tienes que decir en positivo; encuentra la manera para decir lo doloroso, pero háblalo.

Cada vez que hablemos con firmeza y con amor, aunque lo que digamos sea movilizador, traeremos paz a nuestra vida y a los que están con nosotros. Y un plus: ¡lo que estaba pasando también va a cambiar a favor!

3. ¿Cómo mejorar la comunicación en una pareja?

Las mujeres poseemos la capacidad de hablar y tenemos que aprender a usarla. Muchas veces no decimos lo que pensamos por miedo al ridículo, a equivocarnos, por vergüenza, rechazo o miedo a que no nos entiendan o no nos escuchen.

El miedo básico de muchas mujeres es a ser abandonadas, y por eso nos aferramos a las personas (especialmente cuando se trata de hombres). Ese tremendo temor a perderlos hace que en muchos momentos prefiramos el silencio, no hablar nada que sea contrario a lo que él dice o piensa. Pero hoy necesitamos comenzar a hablar. En el silencio perdemos nuestro poder.

Debemos dejar los miedos de la vida y seguir adelante. En lo emocional, las mujeres tenemos mayor capacidad expresiva que los hombres (un hecho que antes se veía como algo negativo), por lo que nuestras relaciones interpersonales son mayores. Como dijimos antes, los hombres sólo se relacionan con los demás cuando necesitan mostrar sus logros. Por eso tú piensas: «no me quiere», «no tiene nada para decirme», «me va a decir algo feo», «me va a decir que anda con otra mujer». Y no es así, el hecho es que no tiene que mostrarte ningún logro porque tú los conoces bien.

Si nos liberamos de los mensajes negativos («no me van a creer», «no me van a escuchar», «se van a reír», «me voy a equivocar»), diremos: «No me importa, voy a hablar lo que creo, lo que pienso, lo que opino; voy a expresar la convicción que tengo».

El otro puede reírse, burlarse, no atenderte, criticarte. Todos tenemos libertad de hacer lo que queremos. Lo importante es que al liberar el poder de la palabra habrás soltado algo nuevo y diferente en tu vida. Y al hacerlo habremos entendido que lo importante es poder verte como eres, sin máscaras, sin mentiras, sin juegos y sin miedos. Cuando lo hagas sabrás que si algo está fallando en la pareja no es tu culpa, la pareja se hace de a dos, ambos ganan y ambos pierden, ambos se comunican claramente y ambos dejan de dialogar.

Necesitamos saber que el único comportamiento que podemos modificar es el nuestro. Confiemos en nuestra capacidad para comunicarnos. Permítele conocer al otro que este vacío de comunicación, este modelo de vida, no es ni tu sueño ni lo que elegiste para tu vida. No seas buena, sé justa. Y si hay algo que no te gusta o con lo que no estás de acuerdo, no te calles: suéltalo y exprésalo. Tú estás a cargo de tu propio futuro, y debes aceptar la responsabilidad de ser feliz. No esperes que los otros sean quienes decidan y hablen por ti.

Es tiempo de comenzar a estimarnos, a darnos el verdadero valor que tenemos, es tiempo de crecer, de tomar decisiones, de progresar, de ver concretados nuestros sueños. Es tiempo que nos demos el uno al otro respeto, amor, escucha, validación. Es tiempo de dejar de lado las excusas, los enfrentamientos, para poder así reconocer el lugar que el otro ocupa en nuestra vida y darle el amor y el reconocimiento que merece. Comencemos a hablar con un «nosotros» porque sabemos que a pesar de que cada uno tiene metas propias por alcanzar, como pareja, también tenemos un proyecto, y ambos festejamos y nos alegramos con el triunfo y el éxito del otro. §

Capítulo 11

PASIÓN
O ACOSTUMBRAMIENTO

Después de unos años de casadas, muchas parejas tienen una relación más de hermanos que de esposos. La rutina y el conocimiento mutuo son tales que, en lugar de sentirse atraídos como marido y mujer, son como hermanos.

Muchas parejas, lamentablemente, ya no se disfrutan; sólo se soportan el uno al otro, ya sea porque no tienen lugar adónde ir o porque se han resignado a vivir sin pasión. Sin darse cuenta, a causa de esta monotonía en la que se han sumergido, se sentirán uno solo (a pesar de ser dos) y sentirán soledad.

Te encontraste alguna vez diciendo: «Y bueno, ¿qué vamos a hacer? Ya nos conocemos y, como dice el refrán, más vale malo conocido que bueno por conocer». Y te acostumbras a vivir así, pensando que la pareja no es para disfrutar sino para soportar, y que no importa si te sientes mal o sola; por lo menos estás casada. Pero una mujer con destino, con sueños y propósito no tiene que aguantar, sino disfrutar.

Todas las parejas pasamos o pasaremos por tres tipos de experiencia:

1. El descubrimiento
2. La conquista
3. La colonización

En la primera etapa todo es lindo, espectacular, asombroso. Todo lo que dice él te gusta y te parece interesante. Para él también en esta etapa tú eres bárbara, genial, la mejor mujer del mundo. Eres maravillosa, tienes un cabello sedoso, unas piernas increíbles…

En la segunda etapa quieres compartir todo con la otra persona, desde tu tiempo hasta tu cepillo de dientes. Ésta es una etapa en la que nos obsesionamos por conquistarlo y esos juegos de atracción que ponemos en marcha nos mantienen motivados y expectantes. En esos momentos solemos decir: «No sabes la cantidad de mujeres que tenía ese hombre, pero me lo gané yo». Es la etapa en la que sabes que tienes que ganar «el gran trofeo» o «el mejor botín» y apuestas lo mejor que tienes para lograrlo.

Hasta que llegamos a la colonización, etapa en la que la pareja comienza a echar raíces. Es cuando él te pregunta: «*Bueno, mi amor, ¿qué proyectamos juntos?, ¿qué haremos?, ¿hacia dónde vamos en la vida?, ¿compraremos una casa?, ¿tendremos hijos?*» Es la etapa de establecimiento.

El problema es que creemos que estas tres etapas se dan una detrás de la otra. Por eso, en un momento determinado, las dos primeras dejan de activarse. Pensamos que una vez casados, y aun más cuando ya nuestros hijos nacieron, llega la eterna colonización: seguimos echando raíces pero perdemos toda la pasión y el encanto de aquellas épocas de conquista y de descubrimiento. Sin embargo, estas tres etapas deberían ir **por** y **para** siempre juntas.

Anímate a responder esta pregunta:

> ¿Crees que eres realmente la misma mujer que eras al casarte?

Seguramente tu respuesta sea «NO». Y así es: ninguna de nosotras es la misma. Hemos vivido, aprendido y crecido y, *¿sabes una cosa?*, ¡**él tampoco es el mismo**! Antes se le veían los abdominales bien marcados, y ahora ya no se los encuentras; antes tenía refinados modales que hoy ya no pone en práctica.

Ambos piensan que ya se conocen desde la cabeza hasta la punta de los pies, y así es como dejan de sorprenderse. Él ya conoce tus quejas, tus dolores de cabeza, los días en los que estás emocionalmente decaída, y tú ya sabes cuándo él llegó mal del trabajo porque discutió con su jefe, cuándo se enoja porque no le gustó la comida, etcétera. La vida matrimonial se hace rutinaria, aburrida, sin seducción; por eso es que debemos ponerle algo nuevo. Necesitamos sorprendernos: ropa interior nueva, un camisón nuevo… siempre hay algo nuevo por aprender y descubrir del otro.

Démonos la oportunidad de seguir conociéndonos. La rutina en la que la pareja se sumerge muchas veces nos hace perder de vista todo lo bueno que en un momento sentimos, y el amor que aún hay entre ambos. Pareciera que los problemas de todos los días se ocuparon de ocultar y negar este amor. Y así es como cada uno de los miembros de la pareja piensa erróneamente sobre lo que el otro está sintiendo. Tal vez pienses que ya no le gustas más, que descubrió esa celulitis nueva que apareció en las piernas y que por eso él mirará a otra mujer más joven y más delgada que tú. Y esos pensamientos te llenan de angustia y a la vez hacen que te alejes más de él y que te sientas sola.

Él podrá pensar que tampoco te interesa más, y que lo único que te movilizan son los chicos y así, sin darse cuenta, comienza una distancia que a ambos los hace sentir solos. Pareciera que con el paso del tiempo las parejas levantan murallas inquebrantables. Sin embargo, esta forma de pensar no es la mejor, no los beneficiará a ninguno de los dos. Veamos algunas actitudes o posiciones que sin darnos cuenta asumimos y que boicotean nuestra pareja.

1. La pasividad

Pareciera que muchas mujeres, con el tiempo, perdieran las ganas de mejorar, de crecer. Comienzan a conformarse con lo que tienen y, aun más, comienzan a aceptar todo lo que no tienen. Dicen:

«¡Que él trabaje!»

«Que me mantenga.»

«Que haga todo lo que tenga que hacer.»

Muchas parejas se han acostumbrado a vivir en la pasividad y en la rutina. Son aburridas, no tienen iniciativa y no quieren nada nuevo.

Sin proyectos no se puede avanzar.

Al casarte decidiste compartir con esa persona tu proyecto de vida. Si tu vida de pareja está estancada, haz cambios, prueba. Si sientes que él ahora está pasivo, cambia tu rol, no esperes que él lo haga. Cuando tú cambies, él tendrá que moverse quiera o no, y si no se mueve, habrás ganado igual porque lo hiciste para ti.

2. Pensamos que la culpa la tiene siempre él

Creemos que el problema o la crisis que estamos atravesando se debe a que él cambió y no es el mismo que antes. *«Él no me entiende, él es el que pelea todo el tiempo, él es el que no nos trata bien, el que no se hace cargo de nada.»* Siempre es él. Pensamos que si él acepta hacer terapia, todo irá bien, porque «el problema es de él, que tuvo problemas en su infancia o con la esposa anterior. Nadie lo comprendía y, como está herido, ahora está sacando toda esa bronca contra mí, que soy una pobre mujer». **¡No! ¡No es así!** En una pareja no existe un culpable y un inocente: ambos se eligieron porque se amaban y porque anhelaban un proyecto de vida juntos.

3. Nos volvemos egoístas

Hay parejas que no pueden hacer nada juntas, no tienen proyectos, no saben compartir, todo en ellas es individual. Si bien se unieron, no lograron unirse en un proyecto en común, en donde los intereses de los dos valgan.

Por eso, antes que nada, comienza por reconocer qué es lo que está a tu alcance hacer para renovar tu vida de pareja y dejar así de sentir esa soledad que, seguramente, podrá ser revertida. Es fundamental reconocer que la pareja tiene que funcionar, que aún tiene esperanza. Date esperanza y dásela a él, lucha por tu pareja; lo que empezó bien no puede terminar mal. No esperes a que él ya no esté para ser feliz.

Tal vez te estés diciendo: «Pero, *¿y si él no cambia?*»

> *Si él no cambia, cambia tú. Si cambias, siempre ganas. Estar casada no significa dejar de lado los sueños y los proyectos personales que alguna vez te llenaron de vida y de pasión.*

Vuelve a cuidar tu aspecto físico, ponte hermosa. Las mujeres necesitamos vernos mejor cada día. Si tu esposo se da cuenta, ¡bárbaro!, y si no se da cuenta, tú has ganado. Usa cremas, maquíllate, ¡invierte en ti! Y si él te pregunta cuánto gastaste, respóndele: «Yo no gasto, ¡yo invierto!»

Mejora tu aspecto emocional. Ser feliz en tu vida de pareja debe ser el desafío. No te des por vencida, toma nuevos retos, renueva tu vida emocional, cree en ti y en la pareja a la que apostaste alguna vez. Si no te amas a ti misma, nadie te amará; si no te atiendes, nadie te atenderá; si no confías en ti, nadie podrá hacerlo. No vivas dominada por tu maternidad, sermoneando, ni controlando. ¡Aprenda a divertirte y a disfrutar!

Usa el sentido del tacto; las caricias son el lenguaje del amor. Cuando nacemos lo primero que recibimos es un abrazo, una caricia, ésta es la primera manifestación de amor. Y esto es justamente lo que las parejas pierden con los años: el tocarse, el sentirse, el acariciarse. Cada vez son más las personas que necesitan hacerse masajes, tanto hombres como mujeres, y no sólo lo hacen por una contractura o un dolor fuerte de espalda, sino por la necesidad de ser tocados.

Cuando él te quiere tocar, no le digas: «Sal, porque están los nenes». El tocarse es imprescindible y es una de las primeras semillas que necesitas plantar en tu pareja. Aprende a acariciar. Aprendé a ser una experta, una profesional en cambiar lo negativo en positivo. Regálale algo y cuando él te obsequie un presente, acéptalo sin pensar que no mereces que él gaste en ti o que está tapando algo negativo con este regalo.

Acepta un regalo, un mimo. Comienza a ver a tu pareja con aquellos ojos con que lo viste hace diez, quince o veinte años atrás. No te conectes al piloto automático y hagas todo por tradición. No transites la vida sin pasión.

Tal vez tus hijos quieran hablarte y, como estás ocupada, atrapada en la misma rutina de todos los días, te enojas.

Quizá tu esposo llegó del trabajo con ganas de encargar una pizza para comer, pero como ya habías preparado la cena, te enojas y, sin darte cuenta, no te permites disfrutar de un buen momento, de una palabra de afecto que pudieron haberte dado.

¡Despégate, libérate de las tradiciones que no te sirven para nada! No vas a ser más amada porque tengas la comida siempre lista y la cama esté tendida todos los días. Serás amada por las palabras, la ayuda, la contención, la escucha y el abrazo que seas capaz de dar.

Cuidar nuestra vida no es una opción. Querida mujer, si estás buscando en un hombre lo que ya está dentro de tu corazón, siempre vas a sentir angustia. Por el contrario, te sentirás mucho mejor si dices: «Éste es mi tiempo y sé que tengo que comenzar a buscar dentro de mí misma mis sueños, mi pasión». Encontrarte a ti misma hará que nunca más te sientas sola. §

CONTANDO CONMIGO MISMA | 12

1. Superando lo que me lastima

Existe un rasgo común en todas las personas que padecen de soledad en compañía y es la dependencia excesiva de las otras personas, en especial del hombre que convive con ellas. Por eso, todo lo que se puede hacer para vencer y ganarle a la soledad que hoy sientes se debe basar en que, mujer, logres tu independencia personal, que te animes a soñar, y a ser lo que alguna vez quisiste ser.

Algunas mujeres podrán lograr este proceso de independencia en horas, otras en meses, y a otras les puede costar años; esto dependerá de tu historia personal, de tu predisposición al cambio y de tu propio espíritu de aventura. Si estás conviviendo con otros y aun así te sientes sola, esa soledad actúa como una fuerza que te arrastra a tal punto que por muchos momentos sientes que te ahoga. Hasta tenemos miedo de mirar a los otros a los ojos por el temor a lo que nos puedan llegar a decir, sin darnos cuenta de que cada vez nos aislamos más. Muchas mujeres tenemos miedo de mirar a los ojos, por eso nos aislamos.

Tal vez hayas pensado que la salida a tu soledad es separarte, abandonar a tu pareja, cambiar de marido y así, de un día para el otro, la soledad que sientes va a menguar; pero ésta no es la mejor decisión que puedes tomar. No es el afuera el que te hace sentir sola, sino tu propio mundo interior, que te deja insatisfecha.

Quizá lo que hasta hoy hiciste no alcanza para estar bien y pensaste que estar casada, ser mamá o conseguir un buen trabajo te iba a cambiar la vida. Y así es, la vida cambia, tienes más ocupaciones, y más gente en quien pensar y de quien ocuparte, pero tú: *¿Qué lugar ocupas en esos pensamientos?, ¿dónde quedaron tus metas, tus sueños y tu propósito?*

Para recuperar nuestra estima y darle valor a nuestra propia vida, necesitamos comenzar a mirarnos a nosotras mismas, volver a ilusionarnos y a crear nuevas oportunidades que nos hagan sentir que estamos vivas y que nuestra vida vale la pena. Comencemos:

1. Echemos una mirada hacia nuestro interior

Ser independiente no significa no querer o no necesitar de otras personas, sino tener nuevas metas, un objetivo claro a cumplir, un proyecto en el cual seas la protagonista, y se necesite de tu persona, de tu capacidad y de tu potencial para cumplirlo.

2. Reconocer que nos sentimos solas

En principio, lo que necesitamos es saber que no somos supermujeres, ni tenemos poderes sobrehumanos; que como mujeres que somos podemos sentir y experimentar emociones como la soledad. *¿Por qué no puede pasarte a ti?*

La soledad que hoy sientes no es una depresión pasajera, ni un bajón de presión, ni un problema físico que ya se te va a pasar, sino un momento en tu vida en que necesitas pararte y comenzar a planificar qué es lo que quieres que te pase, qué necesitas para tu vida, qué cambios debes hacer para no sentirte embargada por estas emociones que te paralizan. Es tiempo de detenerte y volverte a parir, a crear, a descubrirte a ti misma y a romper con aquellos hábitos que te llevaron a pensar mal de tu persona.

No te dejes atrapar en una lucha de poder en la que nadie gana, no te preocupes ahora por los otros, céntrate en ti, cambia tu mente, desintoxícate y vuélvete a llenar con palabras de estima, de sabiduría y de valor.

3. Ser fieles a nosotras mismas

Ser fiel a ti misma significa prestar atención a tus propias necesidades, de modo que puedas mantenerte aferrada a tu ser. Ser fiel a ti misma es pensar:

---

a) Esto que voy a hacer, o lo que me piden que haga, ¿tengo ganas de hacerlo?

b) Lo que voy a hacer ¿me sirve?, ¿me trae algún beneficio a mí?, ¿por qué lo estoy haciendo?, ¿cuál es mi motivación?

c) Lo que voy hacer, ¿nos beneficia a todos o solamente a ellos y a mí no?

Ser fiel a ti misma es tener tu propia agenda, y aún algo más importante: es escribirla y llenarla tú.

Ser fiel a nosotras mismas es aprender a darnos valor, a retirarnos de aquellos lugares que sólo nos traen dolor y que aplastan todo nuestro potencial. Es tiempo de ocupar el lugar para el que fuimos creadas.

Nuestro destino es de propósito, no nos permitamos enlazarnos en relaciones interpersonales enfermizas y tóxicas. Aléjate, y cuando lo hagas, «los otros» no tendrán más el poder de dañarte y destruirte. Si por ejemplo tu pareja llega a tu casa y no te habla, y no te cuenta acerca de su día, etcétera, no llenes tu mente con pensamientos como: *«no soy buena para él, ¿habré hecho algo mal?»* ¡No! Sé sabia y devuélvele a esa agresión tu pasividad, sigue haciendo lo que estabas haciendo, adiéstrate para no ser herida, para que nadie te lastime.

2. ¿Qué debo hacer para no sentirme sola?

Como primer paso, pasa tiempo a solas. Según el diccionario hay dos dimensiones del estar a solas: el ocio y la actividad solitaria.

El ocio

El ocio puede durar desde unos pocos segundos hasta varios minutos. Representa una retirada completa de todas las preocupaciones de todos los días. Haz lo que nunca hiciste antes. Puedes salir a un parque y caminar, tirarte en una lona y mirar las nubes, tomar sol, o dedicarte a mirar la lluvia. ¿Cuánto hace que no le das descanso a tu mente? Tu cerebro, igual que tú, necesita y se merece descansar, es un derecho.

La actividad solitaria

Es el tiempo que pasas enfrascada en tu propio proyecto, en aquello que puedes hacer por ti misma y que no necesita a nadie más que a ti. Estar a solas contigo misma no es una actividad peligrosa; puedes cocinar, leer, escuchar música o simplemente irte a ver una película, sentarte a tomar un café, ¿por qué no hacerlo? ¡Te tienes a ti misma, y eso es poderoso! El estar a solas contigo misma te ayudará a ver tus problemas con mayor claridad, y esto facilitará su solución. Es una oportunidad para tu fortalecimiento interior.

El estar contigo misma te ofrecerá la oportunidad de afrontar los rasgos de tu conducta que te hacen sentir sola.

Separa un tiempo para ti, te pertenece, adminístralo y pasa tiempo contigo misma. Vas a descubrir el mundo que hay dentro de ti y te va a fascinar conocerlo y ponerlo en funcionamiento.

Como segundo paso, realiza una evaluación constante de tus actos. Ocúpate de ti, fortalece tus emociones, libérate de la gente. Examina tus conductas, tus contestaciones, aprende a escucharte, rompe con los paradigmas aprendidos y mejora y cambia aquello que juega en contra de ti. No patees en contra, no boicotees tu éxito. Crea aquellas reglas que te favorecen y te acercan a tu sueño y, una vez que lo hagas, comprométete hasta el final y concrétalas, sé perseverante. Anímate a preguntarte:

«¿Experimento conflicto entre las viejas reglas y las nuevas expectativas?»

«¿Tengo un bajo nivel de amor propio, temo a la ira, o a los sentimientos de narcisismo o de impotencia?»

La mujer que se siente sola, dará un sí a ambas preguntas. Ten en cuenta que las viejas reglas son cómodas pero aislantes; las nuevas expectativas ofrecen grandes promesas, pero asustan.

3. Vino nuevo en mente nueva

Por años, nuestra mente se ha llenado de principios y de creencias que pensamos que funcionaban, pero con el pasar de los años nos dimos cuenta de que esto no es así.

Hoy más que nunca necesitamos entender que las cosas viejas pasaron y todo puede ser hecho nuevo. Sólo dependerá de que desees y pongas pasión en transformar tu vida. Hasta hoy hemos usado patrones de conducta que nos paralizaron y nos hicieron vivir como adormecidas, pero ya es hora de despertar y de que el mundo te conozca, no por ser la mujer de…, sino por ser una mujer que merece ser llamada **mujer**.

Por todo esto, querida mujer, es necesario que quites de tu mente esos pensamientos que te limitan y que te hicieron pensar que cuanto más disponible estés para los demás, serás más querida y más valorada. Tus opiniones cuentan, y cuando estés mal o te sientas sola, tienes que quitar de tu mente todos los preconceptos que te hicieron pensar que debes estar siempre lista para los demás. Tu soledad y tu dolor sólo serán calmados cuando puedas poner límites a los otros y darte el lugar que te mereces.

No sigas haciendo lo que hasta hoy no te trajo resultados, ¡cambia! Y si te equivocas en este proceso de cambio, ¡no importa!: estás creciendo y fortaleciéndote.

Date permiso y revisa los roles que hasta hoy asumiste:

- Hija
- Esposa
- Madre
- Amante
- Hermana
- Empleada
- Abuela
- Amiga
- Voluntaria
- Vecina

Ahora que ya los identificaste, piensa en las personas con las que tienes mayor contacto al desempeñar cada rol. Y una vez que lo hagas pregúntate:

¿Qué deseas de esas personas o qué necesitas de ellas?

¿En qué papeles tienes éxito y en cuáles te equivocas todo el tiempo?

¿Qué es lo que te dijo el otro que te hizo sentir mal o bien?

¿Qué comentarios o qué acciones te llevaron a sentimientos de rechazo, soledad o falta de amor?

Cuanto más íntima sea la relación que tengas contigo misma, cuanto más te conozcas, mayores posibilidades tendrás de ser feliz, de aceptar o no lo que no te gusta y lo que no quieres para tu vida.

Por ejemplo, imagínate que hace tiempo estás intentando por todos los medios hacer hablar a tu pareja y le preguntas y él nada, nada, no registra que le estás hablando y por último te responde: *«¿Qué quieres que te diga?»* Tú respóndele: *«Ganaste, no consigo hacerte hablar»*, y sigue haciendo lo que estabas haciendo.

Si en otra situación él te critica porque la casa no está limpia, porque te olvidaste de comprar dentífrico, porque llueve y no hiciste nada para que no lloviera, ponte firme y dile: *«No quiero escucharte»*. Y si él insiste en hacerte enojar, porque es lo que este hombre pretende, descargar su enojo o su mal humor contigo, lo mejor será que vayas hacia otro sector de la casa, o salgas a dar un paseo.

Si tal vez sientes que siempre caes en su manipulación sexual, puedes responderle: «*En este momento no quiero*».

Si necesitas hablar de tus sentimientos, de lo que les está pasando, para poder cambiar, toma la determinación de enfrentarlo y dile: «Necesito hablar sobre sentimientos. Espero que tú también intentes hacerlo». Y si al hablar quiere echarte toda la culpa, no lo permitas. Refuta toda acusación, no aceptes una culpa que no te pertenece.

Si tu hijo adolescente te utiliza como chivo expiatorio o tu hermana se entromete en tu vida, o uno de tus padres intenta manipularte, rechaza todas las ofensas y dale un cierre a la discusión. Simplemente puedes responder: «*en estos momentos no quiero hacer esto*», o «*terminemos con esto antes de que empeore*», o sólo dile «*ganaste*».

Mientras pongas en marcha todos estos cambios, tal vez te digas:

«*Esto que estoy haciendo no me va a servir para nada, esto no va a funcionar.*»

«*¿Cómo va a ayudarme esto a superar mi soledad? Lo único que estoy haciendo con estas respuestas es admitir su comportamiento insensible.*»

Y de hecho así es, eso es lo que estás haciendo. Te estás rindiendo al hecho de que, por el momento, la insensibilidad de tu pareja es mucho más fuerte que el amor.

Y por último, registra por escrito la manera en que reaccionas en aquellos momentos de mayor éxito y luego **¡felicítate!** §

Capítulo 13

MUJERES ECONÓMICAMENTE LIBRES

Llega un momento en la vida en que todos, hombres y mujeres, nos preguntamos: «*¿Cuándo voy a trabajar por lo mío?*» No queremos estar pendientes del carácter de otros: «Voy a ver cómo llega él y de acuerdo a cómo esté sabré si le puedo decir que tengo ganas de comprarme esas botas, esa campera para los nenes…», «de acuerdo a cómo le haya ido en el trabajo, le voy a decir que tengo ganas de ir al cine» o «depende de con qué humor esté le pediré que me lleve a la casa de mi amiga; si no, voy en colectivo».

Y de esa manera vivimos dependiendo del servicio o del carácter de los demás y tú, querida mujer, no naciste para depender de las ganas, del humor y del dinero de los demás, ni siquiera del marido que está a tu lado.
Sin embargo, aunque el mayor deseo que tenemos es el

de ser independientes, sin darnos cuenta, nos boicoteamos y nos decimos: «Si yo no tengo con qué, cómo voy a ser una mujer independiente, yo dependo de mi marido».

Y esas palabras que nos decimos a nosotras mismas actúan como una creencia de freno, de limitación:

- «no tengo con qué»;

- «no tengo inteligencia»;

- «no tengo ganas»;

- «no tengo dinero»;

- «no tengo fuerzas»;

- «no tengo empuje»;

- «no tengo capacidad».

Estas falsas creencias, tal vez culturales, que hemos desarrollado interiormente y que hemos creído, hoy nos producen angustia y nos hacen manejarnos equivocadamente. El mundo nos ha hecho creer que para comenzar un proyecto necesitamos asociarnos con otros, ya sea una amiga o nuestro marido. Sentimos que no estamos preparadas para dar vida a un proyecto propio. Por eso, inconscientemente, buscamos que alguien se sume para compartir nuestro sueño.

*Unirse a otro para lograr un sueño no está mal, pero hay que tener en cuenta que: «**Yo soy el ciento por ciento de lo que***

necesito y la persona a la que me uno también lo es, en-
tonces, al unirnos, resultaremos un doscientos por cien-
to». Si creo que «no soy nada» y busco al otro para que
me dé lo que yo no tengo, quedaré expuesta al abuso y a
la manipulación.

Es decir, me uno al que tiene dinero, capacidades, inteligencia, fuerzas, ganas, entusiasmo, y cuando «ése» me deje,
volveré a «ser nada» otra vez, y así es como, una vez más,
volveremos a la dependencia. Si piensas que la otra persona es como la nafta que necesita tu auto para seguir funcionando, cuando no esté volverás a la nada.
Solamente podrás unirte a otro cuando tengas en claro
que eres el ciento por ciento, que tienes inteligencia, entusiasmo y capacidad; y cuando puedas decir: «Hoy no
tengo dinero, pero mañana lo tendré». Y el otro tendrá,
como tú, entusiasmo, dinero y deseos de hacer todo bien,
y así se potenciarán y obtendrán buenos resultados.

Si te unes a otra persona
es para potenciarte, no para que el otro
complete lo que no tienes.

Mientras pienses que «no tienes con qué» vivirás de limosna, y estarás sometida a que «los otros», en algún momento, te pasen la factura por lo que «supuestamente» hicieron
por ti. Aquel que suple lo que crees no tener, aunque sea
«la mejor persona del mundo», te cobrará caro. Aun tu
mamá podrá decir: «yo que te parí», pretendiendo cobrar-
te la vida que «supuestamente» ella te otorgó, y tendrás una
deuda eterna pues «le debes la vida». O tu pareja podrá de-

cirte: «antes de conocerme no eras nadie», «gracias a mí fuiste gente», «yo te llevé por primera vez a un restaurante», «el primer anillo de oro lo tuviste gracias a mí», sumergiéndote en una deuda que nunca terminarás de pagarle.

Esposos, parejas, padres, jefes que te hacen sentir que todo te lo dieron como un regalo, como una limosna, porque ellos son buenos… y tú lo crees y te dices: «**NO** tengo nada», «**NO** tengo un título», «**NO** tengo dinero», «**NO** tengo riquezas, **NO** tengo ahorros ni propiedades ni proyectos económicos».
Y tal vez hasta hoy no tienes el dinero que necesitas para darte los gustos que quieres o para empezar ese proyecto tan anhelado, pero no es tiempo de mirar tus debilidades y tu pobreza, sino de potenciar al máximo todo aquello que sí tienes. Estás habilitada para generar todo aquello que necesitas.

Quizás has vivido realidades que te dejaron un sabor agridulce. Sin embargo, si puedes pararte más allá de la caída, de la desilusión, del desengaño, te descubrirás con mayores capacidades de las que creías tener.

No esperes todo de los demás, haz las cosas tú y experimentarás una sensación de bienestar insuperable. **Muévete hacia tus sueños. Persevera. Sostén ese deseo y conquístalo.** Perseverancia es no desmayar; a su tiempo cosecharás. El tiempo dependerá de la dimensión del proyecto y, especialmente, de la perseverancia que generes en los mayores momentos de dificultad.

Un hombre llamado Demóstenes deseaba más que nada ser orador, pero había nacido tartamudo. Para lograr su deseo, se colocó piedras en la boca, agrandando así su dificultad. Él pensó que si podía hablar con las piedras en la boca, cuando las quitara, la tartamudez desaparecería y no le costaría hablar normalmente. Ese hombre supo ampliar su dificultad para quebrar su límite.

¿Qué hizo este hombre? Para vencer la limitación agrandó su problema, y se dijo a sí mismo que si era capaz de resolver un problema aun mayor, todo lo demás le parecería sencillo. ¡Anímate a hacerlo, mujer!

> ## Ampliando tus limitaciones encontrarás la verdadera medida de tu poder.

Descubrirás un poder mayor del que creías tener. Quizá tengas que ceder algunas comodidades, dormir menos horas, trabajar más, salir de un trabajo para ir a otro o a tu negocio, mantener dos tareas paralelas. O, como Demóstenes, voluntariamente agrandar tu dificultad para ser independiente, hacer un esfuerzo más, trabajar más horas, hacer gimnasia, ejercitarte en algo, ampliar tu límite y así dirás: «la dificultad que tenía era insignificante, una tontería». Lo que pensabas que no tenías fluirá en abundancia.

Puedes lograr aún más de lo que estás haciendo. Más ganancias, mejor salud, mejor cuerpo, mejor vida emocional, mayor crecimiento espiritual. Exterioriza el poder que está dentro de ti y verás concretado lo que antes te parecía imposible. Ahora todo lo que comiences te costará menos. Al ampliar tu conflicto entrarás en un círculo de poder y de autoridad que nunca imaginaste. Desde ese lugar, podrás comprarte ese suéter, ese regalo, ese libro que siempre quisiste sin depender de las ganas, del humor y del bolsillo de nadie. Podrás poner en marcha tus proyectos, contando contigo misma.

¡Tú puedes! Arriésgate, sé independiente, busca qué hay en tu casa, dentro de ti. Rompe el espíritu de «no tengo con qué», porque todos tenemos. Tienes inteligencia, sabiduría, amor, carisma, potencial, habilidad, capacidad, fuerzas, energía, «tienes mucho con qué luchar y ganar». Ponerte en movimiento para alcanzar lo que deseas no depende de los demás sino de ti misma. §

APRENDIENDO A QUERERME

1. Romeo y Julieta

Todas las mujeres necesitamos sentirnos amadas y a la mayoría de nosotras nos gusta que el hombre que esté a nuestro lado nos lo demuestre. A ti, ¿cómo te gusta que te demuestren el amor? ***¿Con dinero, con flores, con un viaje, con regalos, con ropa, con un coche? ¿O tal vez soñaste con vivir un amor como el de Romeo y Julieta?***

A muchas mujeres nos gustaría que nuestro amado fuera como Romeo y muriera de amor o hiciera cualquier cosa por demostrarlo. Sin embargo, pareciera que en estos tiempos alocados en los que vivimos, nos enfrentamos a un problema: el hombre dejó de expresar lo que siente, lo que desea, lo que espera y lo que lo moviliza.

Esto no significa que ellos no nos amen, sino que tienen distintas maneras de expresarlo, y esto no tiene nada que ver con la capacidad de amar. Seguramente si le preguntas si te ama, él te dirá: «*Sí, te lo dije cuando nos casamos, ¿para qué te voy a decir lo que ya sabes?*»

Pero nosotras, las mujeres, que desde chiquitas leímos cuentos de hadas y esperamos que ese príncipe nos rescate, nos sentimos solas y abandonadas hoy al ver que ese hombre está muy lejos de ser Romeo. Las mujeres poseemos un amor exigente y lamentablemente con el tiempo lo transformamos en un amor demandante. Necesitamos que nos digan, que nos hagan, que nos regalen, que estén, **«necesitamos»**, y tanto es lo que necesitamos y esperamos de ellos que los ahogamos.

• ¿Y si por un tiempo te animaras a dejar de lado esa demanda?

• ¿Y si te atrevieras a hacer un cambio primero en ti misma?

• ¿Te imaginas lo que puede llegar a pasar?

Comienza cada mañana por no esperar nada de nadie, comienza cada día amándote y necesitándote a ti misma, a tus palabras, a tu aliento de vida. El que se ama a sí mismo atrae a la gente, porque nadie quiere estar con gente angustiada, de baja estima o con espíritu de víctima. Si nos amamos a nosotras mismas será más sencillo relacionarnos con los demás, ya que desearán estar con nosotras, y querrán decirnos todo aquello que queremos escuchar. Practica amarte.

2. Tres principios para amarnos a nosotras mismas

En muchas ocasiones, las mujeres no podemos defender lo nuestro porque no sabemos qué es lo que nos pertenece. Vivimos la vida como prestada, como si fuéramos intrusas. Muchas veces ni siquiera opinamos porque no nos atrevemos a decir lo que nos molesta, lo que no nos gusta, lo que necesitamos. No sabemos dónde estamos paradas, qué es lo que sí podemos hacer y qué no.

Sucede que a nosotras nos enseñaron a ser «prudentes», «respetuosas», «a ceder el lugar a los demás». Y cediste todo lo que te tocaba tomar, tu herencia. Por eso, para comenzar a amarte a ti misma, necesitas marcar tu territorio y reconocer todo lo que te pertenece.

Si hasta hoy no delimitaste tu terreno es porque hubo una razón o una excusa que creíste correcta.

Es tiempo de dejar de admirar y de comenzar a poseer.

Decimos: «cómo me gustaría tener ese auto, ese par de botas, esa casa», pero sólo nos conformamos con verlo, con admirarlo. Y pensamos que eso que tanto queremos es para las otras mujeres y no para nosotras. Para nosotras es mucho, es demasiado y no nos lo merecemos… **FALSO**.

Nos merecemos todo y todo lo mejor.

Anímate a actuar para poseer todo aquello que quieres.

No te conformes con pasar por una vidriera y admirar lo que te gusta, no esperes que otro venga y te lo regale. Si viene, bienvenido sea, y si no, tienes inteligencia, capacidad, talentos, dones y potencial para pensar en ideas que te generen los recursos que necesitas para poseer todo aquello que admiras.

En segundo lugar, comienza a priorizar.

En la década del 60 se descubrió, mediante una investigación, que las mujeres casadas se sentían desdichadas y no eran plenamente felices, mientras que los hombres casados sí lo eran. El hecho es que estas mujeres habían puesto todas sus expectativas en la vida matrimonial y se dieron cuenta de que la vida de casada «no era lo que ellas imaginaban» y debido a esto sufrieron una crisis de identidad que hacía que ya nada las conformara.

Actualmente, investigaciones realizadas arrojaron el dato que las mujeres más felices son:

1. **Aquellas mujeres que, teniendo una familia, trabajan y se proyectan hacia sus metas y sus sueños.**

2. **Aquellas mujeres que, sin estar en pareja, trabajan y se preparan día a día para lograr sus objetivos.**

3. **Aquellas mujeres que, sin estar en pareja, deciden quedarse en sus casas.**

4. Aquellas mujeres en pareja o casadas que eligieron por una determinada situación quedarse en sus casas.

Las casadas que trabajan fuera de sus casas son más felices porque no ponen todas sus expectativas en el matrimonio, en los hijos y en la casa, sino que dividen ese valor en distintas áreas: profesión, casa y vida matrimonial.

Las mujeres más felices son las que no intentan hacer todo perfectamente y las casadas más felices son las que además trabajan afuera. **La felicidad les da identidad y las hace sentir. Estas mujeres han sabido priorizar.**

Querida mujer, ¿qué área de tu vida anhelas priorizar? Tal vez tu profesión, tus estudios, tu hogar. Sea cual fuere el área que elijas, elígela tú.

Si decides que en esta etapa de tu vida necesitas priorizar tu desarrollo personal y profesional, ¡hazlo!

Si hoy en tu vida lo más importante es lo profesional, no te preocupes porque la casa no está reluciente como el oro. Si hoy la vida familiar es lo más importante y quieres concentrarte en ello, no te vas a angustiar porque tu amiga logró un ascenso en el trabajo.

Porque al priorizar, y al elegir en lo que quieres enfocarte, estarás bien y conforme contigo misma y todos a tu alrededor también lo estarán.

> **Priorizar no quiere decir ser perfecta, sino poner las cosas en orden de importancia.**

El uso de tus recursos y de tus capacidades estará relacionado con tus prioridades.

Si priorizas tu vida profesional, invertirás en tu educación, en el área intelectual, en las herramientas necesarias para desarrollar tu profesión.

Si priorizas tu familia, sabes que tienes que estar más tiempo con ellos, crear momentos con el grupo familiar.

Si priorizas el área emocional, porque sufriste en ese aspecto de tu vida, tendrás que invertir en un consejero para que te ayude.
Si caminas y vives sin saber qué es lo estás esperando recibir, terminarás sin resultados y sin éxito, y te sentirás mal.

Por eso, antes de seguir avanzando, pregúntate: «¿Estoy priorizando?» Y si lo haces: «¿Estoy conforme con las áreas que estoy priorizando?» Una vez aclaradas tus dudas, avanza, porque sabrás que tu destino es el éxito.

Y en tercer lugar, una mujer que sabe amarse a sí misma, sabe que su destino es el éxito.

El éxito es tu derecho de nacimiento. Aunque te cueste aceptarlo, naciste para tener éxito. Tal vez estés pensando: «usted no se imagina todo lo que yo pasé». Y es cierto, pasaste por situaciones difíciles, por dolor, por angustias, pero ninguna de ellas te ha matado, y es porque aún el éxito te está esperando. **Éxito es tu identidad, y todo lo que hagas será exitoso, tarde o temprano.**

**Tu destino es el éxito
y nadie lo puede cambiar.**

Podrás atravesar errores, fracasos, éxitos y otra vez un error, pero siempre podrás resurgir, recrearte y volverte a levantar. **Cuando una mujer sabe que es exitosa tiene en claro que, esté donde esté, todo será éxito, y todo aquel que esté a su lado también lo tendrá.**
Sigue, sigue un minuto más, sólo un minuto más, quita de tu vida a la gente tóxica, y sigue, sigue… Ese minuto más te traerá lo mejor de tu vida, la risa, el gozo, la prosperidad, y el amor que por tanto tiempo buscaste en los otros. Ese minuto más que perseveres traerá el éxito y todo lo que necesitas a tu vida. Persevera, y nunca serás avergonzada.

3. Mejoradoras por naturaleza

Para el hombre, acercarse a una mujer es lo más sencillo que hay; lo que más le cuesta es mejorar.

Tal vez estuvimos repitiéndole a cada momento que queríamos que nos regalase algo, pero cuando lo logramos, al recibirlo, decimos: «¿Cuánto gastaste? Justo ahora que necesitábamos pagar la luz, el alquiler…»

> Las mujeres sabemos mejorar pero no acercar, y siendo estrictas creamos paredes que limitan la expresión del amor.

Cuando conocimos a nuestra pareja tuvimos la sensación de que él era más dulce y cariñoso, pero las circunstancias difíciles atravesadas levantaron paredes. Se creó una distancia donde se instaló un personaje: el temor. Y todo lo que haces por temor, produce culpa y por ende, esperas un castigo. Y en el amor no hay temor, porque el amor perfecto no se mueve ni por culpa ni por temor.

El que teme y espera castigo lo hace porque su amor no fue perfeccionado. Amor y temor son como el agua y el aceite: no pueden ir juntos. Si crees que amas y tienes temor de que la relación se desgaste, de que él se vaya con otra mujer, de que te abandone, ese amor está agrietado y necesita ser mejorado, perfeccionado. La vida de una pareja es un proceso y, como tal, aún existen momentos que no hemos vivido, cada etapa es nueva.

Todo se puede mejorar, incluso el amor. Tal vez pasaron momentos difíciles, sentiste que nada dio resultado y esperas que el otro haga algo; pero el amor se mejora con una iniciativa propia. Quizás están pasando un momento difícil y estás esperando que él te diga algo, que modifiquen lo que los está lastimando, que hagan terapia de pareja. Pero si todo esto se te ocurrió a ti, toma la iniciativa y propónelo tú. *Recuerda que las mujeres somos mejoradoras por naturaleza. A las mujeres no nos cuesta buscar, pero sí acercar al amado. Reclamamos, reclamamos, reclamamos…*

Por eso, frente al amor, las mujeres podemos tomar tres actitudes:

1. **Accionar de tal manera que podamos conquistar todo lo que amamos y respetamos.**

2. **Accionar de tal manera que lo que anhelamos, deseamos y queremos nos busque a nosotras.**

3. Accionar de tal manera que todo lo que hagamos sea con amor, con pasión y con excelencia.

No esperes que el otro te dé lo que ya está dentro de ti, comienza a soltar el amor y cuando comiences a hacerlo, vas a experimentar un cambio total y absoluto en tu vida.

¿Cuánto hace que no llamas a esa amiga que siempre te escucha y la invitas a tomar un café?

¿Cuánto hace que no le das un abrazo a tus hijos y les dices lo mucho que los amas?

¿Cuánto hace que no te premias con un buen regalo?

¿Cuánto hace que no le dejas una buena propina a aquel mozo que te atendió como a una reina?

> ¿Cuánto tiempo hace que no demuestras y no sueltas todo el amor que está dentro de ti?

Cuando lo hagas, cosecharás amor, gratitud, respeto, admiración y esa devolución de amor que recibas hará que nunca más te sientas sola y que todo lo que está a tu alrededor se transforme. **La gente necesita recibir amor, ¡y tú puedes darlo!**

> **El amor sirve para todo.**

¿Tal vez sientas que el tiempo te hizo dura, insensible?

¿Sufres porque nadie te ama?

¿Te sientes abandonada y sola?

¿Sientes que siempre eres la que da y nunca la que recibe?

Necesitas saber que cuando sueltas amor, y cuanto más amor sueltes, volverá a tu vida, se reproducirá y sanará cada una de tus emociones lastimadas. **¡Disfruta de amar!** Cuando lo hagas serás amada de una forma inesperada.

Hubo una vez dos hermanas gemelas que al nacer fueron puestas en una incubadora, aunque una de ellas estaba fuerte y gozaba de muy buena salud. La otra bebé estaba en una situación delicada, muy débil, a punto de morir. Una enfermera, a pesar de lo que decían los médicos, violó la ley del hospital y tomó a la niñita vigorosa y las puso juntas. La hermanita más fuerte y sana inmediatamente puso su bracito alrededor del cuello de su hermana y en ese mismo instante las pulsaciones de la bebita debilitada comenzaron a normalizarse, el calor empezó a entrar en su cuerpo y se salvó, por el poder del amor.

Quizá te preguntes cómo sabía la bebita que tenía que colocar su bracito sobre el cuello de la hermana. Lo sabía porque esa beba estaba cargada de amor y soltó ese amor que ya venía dentro de ella desde el momento en que fue concebida.

Ama como puedas, como te salga, exprésalo de la mejor forma que te sea posible, pero ama y disfruta de todo lo que tienes. §

CONCLUSIÓN

A partir de ahora, una nueva mujer está naciendo. Seguramente durante este proceso comiences a conocerte mucho mejor, con lo cual comprenderás también mucho mejor a tu compañero.

Mujer: ¡Estás volviendo a nacer! Dentro de ti está naciendo una libertad que ya no te hará sentir avergonzada ni relegada, más allá de tus aciertos y errores. Ahora, el control remoto de tus emociones lo tienes tú.

Conócete, propónete ser lo que quieres ser y no vivas tratando de satisfacer los deseos de todo el mundo. Aprovecha esos ratitos de soledad que tal vez tienes para conocerte bien a ti misma. Pero ahora hazlo en forma positiva.

Confía en ti misma. Afírmate como persona. Cuantos más sueños alcances, mejor te vas a sentir. Y a medida que enfrentes mayores y nuevos desafíos, serás capaz de cerrar todos aquellos temas inconclusos que lastiman tu estima y tus emociones. Dentro de ti está la habilidad que necesitas para potenciar tu propia existencia. Al ejercitar ese paso utiliza frases que empiecen con el pronombre personal «yo».

Comienza a rodearte de personas que te estimen y te tengan en cuenta, sé fuerte, ¡crece!

No importa los años que tengas, siempre sigue creciendo. Si te animas a hacerlo, habrá nuevas oportunidades por vivir, nuevos momentos para disfrutar. *No eres la actriz de reparto en la película de otra persona, eres la protagonista de tu vida.* No protagonices tu vida con los títulos de tus hijos o nietos, ni con los logros de tus sobrinos, habla de ti, de lo que estás alcanzando.

Sé tu propia admiradora. Cada mañana al levantarte date ánimo. Tu vida y futuro están en construcción, *no renuncies a la vida antes de tiempo, cada minuto te pertenece.*

Cuantos más riesgos estés dispuesta a correr, mayor será la confianza que generes dentro de ti misma. Aprende a decir «aún»: aún tienes tiempo, aún estás fuerte, aún tienes vida y si tienes vida, todo lo que te propongas será exitoso. §

Hasta el último minuto de tu vida produce, suelta sueños: estás habilitada y capacitada para hacer grandes cosas.

BIBLIOGRAFÍA

Aburdene, Patricia y Naisbitt, John, *Megatendencias de la mujer*, Norma, 1992.

Alizade, Alcira Mariam, *La mujer sola. Ensayo sobre la dama andante en Occidente*, Lumen, Tercer Milenio, 1998.

Basañez, Liz, *Y tus emociones ¿qué dicen? Aprende a manejarlas*, Pax, México, 2008.

Braiker, Harriet B., *La enfermedad de complacer a los demás. Cúrese del síndrome de complacer a los demás*, Edaf y Morales SA, 2001.

Burin, Mabel; Moncarz, Esther y Velázquez, Susana, *El malestar de las mujeres. La tranquilidad recetada*, Paidós, 1991.

Cordeiro, Wayne, *Actitudes que atraen el éxito*, Caribe, 2005.

Fezler, William y Field, Eleanor S., *La mujer que lo da todo… y aún así se siente culpable*, Vergara, 1986.

Freeman, Lucy, *Qué quiere la mujer*, Juan Granica, 1982.

Grün, Anselm, *Cómo estar en armonía consigo mismo. Caminos espirituales hacia el espacio interior*, Verbo Divino, 1997.

Grün, Anselm y Jarosch, Linda, *La mujer reina e indomable. Vive lo que tú eres*, Sal Terrae, 2006.

Hillman, Carolynn, *Cómo recuperar su autoestima. Guía para mujeres que desean sentirse mejor*, Santillana, 1992.

Kelly, Matthew, *Tú decides, Sácale todo el jugo a la vida*, Punto de Lectura, 2004.

Marlow, Mary Elizabeth, *El despertar de la mujer consciente, el ilimitado poder creador del espíritu femenino*, Gaia Ediciones, 1998.

Norwood, Mandi, *Cómo ser la número uno en su propio mundo*, Pearson Educación, México, 2001.

Tavris, Carol, *La valoración de las mujeres. Por qué las mujeres no son el sexo superior ni el sexo inferior, ni el sexo opuesto*, Planeta, 1992.

Soler, Jaime y Conangla, María Mercé, *Aplícate al cuento. Relatos de ecología emocional*, Editorial Amat, Barcelona, 2004.

Valentis, Mary y Devanne, Anne, *La furia femenina. Develando sus secretos, integrando su poder*, Gaia, 1996.

ÍNDICE

Para enviarnos tu consulta, comentario, sugerencia o recibir un programa sobre las conferencias y talleres de Alejandra Stamateas y conocer más sobre las actividades que desempeña, escríbenos a:

info@alejandrastamateas.com

o visita:

www.alejandrastamateas.com
www.mujeresfuertes.com

o contacta con sus oficinas en:

José Bonifacio 346
Capital Federal, CP 1424
Buenos Aires - Argentina
Tel: (54 11) 4923-0700